Franz Weber

Wege zum Heil

Aspekte zur Heilung von Mensch, Erde und sozialer Welt

Herausgeber: **Perceval-Institut für Kosmologie und christliche Hermetik**

Freiburg im Frühjahr 2014

Herstellung und Verlag:
BoD – Books on Demand, Norderstedt

ISBN 9783735740632

**Gewidmet
dem heiligen, heilenden Geist**

Wege zum Heil

Inhaltsverzeichnis:

Seite:

Vorwort

Jeder wünscht sich und anderen viel Gesundheit. Das ist nur natürlich, denn niemand will gerne krank sein. Gesundheit ist folglich die Abwesenheit von Krankheit, wenn wir uns also in unserem Leib wohl und vital fühlen, wenn unser Körpergefüge von Leib, Seele und Geist in einem harmonischen Zustand ist. Krankheit entsteht erst durch eine Disharmonie; entweder im Leiblichen, in der Lebenskonfiguration, sprich Vitalität oder im seelisch-geistigen Empfinden. Vom gesunden Zustand aus kann sich folglich Krankheit ereignen, wenn eine Disharmonie in die Richtung einer Verhärtung, Sklerose, in die Kälte und Verengung oder andererseits in die Auflösung, Entzündung und Hitze übergeht. In diese beiden Kategorien können alle Krankheiten eingeteilt werden, entweder zu viel Yin, Kälte, Verengung oder zu viel Yang, Hitze, Auflösung. Gesundheit entsteht immer im Ausgleich von Extremen. Doch ist Gesundsein gleichbedeutend mit dem Heil?

Heilsein ist mehr. Wir können kranke Symptome kurieren, dann nennen wir den Menschen gesund, wenn er also beschwerdefrei ist. Heilsein betrifft den ganzen Menschen nach Körper, Seele und Geist und meint ein Ganzsein, ein Sein also, das den ganzen Menschen erfordert, der eingebettet ist, nicht nur im Leib und in seinem Seelischen, sondern vor allem auch im Geist, der also mit seinem geistigen Ursprung, mit seinem höheren Ich in Einklang ist. Erst in der Wiederverbindung mit seinem göttlichen Ursprung wird der Mensch ganz, wird er heil.

Der Heilige ist nicht unbedingt ein Mensch, der nach physischer Gesundheit strebt, sondern nach leiblich-seelischer und geistiger Ganzheit. Daraus kann natürlich auch eine leibliche Gesundheit erwachsen. Der Heilige ist deshalb heil, weil er in Resonanz mit, in und aus seinem höheren Selbst leben kann.

Zu diesem Selbst, das der Mensch durch einen spirituellen Schulungsweg in sich erreichen kann, kommt die Seele durch Reinigung und Läuterung oder durch die Verbindung mit dem Christus, der das Selbst aller Selbste ist. In Ihm urständet unser aller höheres Sein. Darum wird er auch der Heiland genannt. Er ist das Heil für uns Menschen.

Doch auf diesem langen Weg zum Heil gibt es verschiedene Etappen und Stufen, die erklommen sein wollen. Dafür wollen die folgenden Gedanken eine Hilfe anbieten.

Der „kleine Arzt" kuriert die Symptome, der „mittlere Arzt" heilt den Menschen, der „große Arzt" heilt die Gesellschaft, so lautet sinngemäß ein altes chinesisches Sprichwort. So müssen zu gesunden Menschen beziehungsweise für diese, die gesellschaftlichen Rahmenbedingungen so gestaltet sein, damit auch im sozialen Leben der Menschheit Gesundheit, Wohlstand, Freiheit, Sicherheit und Frieden gedeihen können.

Ohne die Liebe zum Ganzen, zum Heil, wird dies nicht gelingen. Die Liebe kann in uns zur treibenden Kraft werden, in mir, im eigenen Herzen, um damit die Welt annehmen und verwandeln zu können. Die Liebe verbindet alles, sie schließt nichts aus, in ihr ist die Kraft zum Heil gegeben.

Mit dieser Kraft wollen wir im Folgenden verschiedene Bereiche des menschlichen Seins betrachten lernen.

Die Gesundung und Heilung des sozialen Organismus

Der Mensch hat im Leben auf der Erde drei grundverschiedene Bedürfnisse in sich, die er befriedigen muss, um zufrieden und erfüllt sein Leben meistern zu können. Da sind zunächst die materiellen Bedürfnisse, das Essen, die Wohnung, woraus die Arbeit an der Erde entspringt. Daran schließt sich alles an, was wir das Wirtschaftsleben nennen.

Im Zusammenleben mit anderen Menschen, in Beziehungen und Arbeitszusammenhängen, aber auch im Umgang mit der Tier- und Erdenwelt braucht es Vereinbarungen, damit ein soziales Leben sich ereignen kann. Aus diesem Bedürfnis, in diesem Ringen um ein sozialverträgliches Miteinander erwächst, gesellschaftlich gesehen, das Rechtsleben, wie es die staatliche Hoheit vorgibt.

Zudem leben im Menschen individuelle geistige Impulse und Bedürfnisse, wie religiöse, künstlerische oder wissenschaftliche Interessen, die er selbstbestimmt und freiheitlich angehen will. Hieraus bildet sich gesamtgesellschaftlich das Kultur- und Geistesleben aus.

So wie im einzelnen Menschen eine Gliederung in Haupt, Herz und Hand beziehungsweise in Geist, Seele und Körper, in Denken, Fühlen und Wollen durchgeführt werden kann, so auch im Gesellschaftlichen.

Es lassen sich also folgende drei Bereiche finden, die wiederum in sich selbst dreigegliedert sind. Dies kann hier aber nur sehr fragmentarisch aufgezeigt sein.

Das Kultur- und Geistesleben enthält die Gebiete der Wissenschaft, Kunst und Religion. Das Rechtsleben umfasst bekanntlich die Judikative, die Legislative und die Exekutive, also das rechtsprechende, das gesetzgebende und das ausführende Element. Das Wirtschaftsleben setzt sich zusammen aus Produktion, Handel und Konsum von Waren und Dienstleistungen.

Eine Heilung von Gesellschaft, Erde und Mensch muss folglich diese drei Bereiche gleichermaßen und gleichberechtigt berücksichtigen.

Das Geistesleben dient dem Ausbilden und Ausüben individueller Fähigkeiten. Hier muss Freiheit walten, keine staatliche Willkür darf zu Einschränkungen führen. Die geistige Freiheit ist das höchste Gut des Menschen.

Durch das Rechtsleben soll das soziale Leben der Gesellschaft so gestaltet sein, dass Gleichheit vor dem Gesetz wirklich für alle gilt.

Das Wirtschaftsleben soll der Bedürfnisbefriedigung von Mensch und Umwelt dienlich sein. Hier ist ein geschwisterliches beziehungsweise ein solidarisches Handeln angesagt, was zum Beispiel den Umgang mit Rohstoffen, ein nachhaltiges Produzieren und ein gerechtes Verteilen der Überschüsse betrifft.

Sofort kann hier jeder sehr leicht erkennen, dass gerade im Wirtschaftlichen, statt Brüderlichkeit, heute der Geist des Egoismus, der persönlichen Raffgier Einzug gehalten hat. Eine neoliberale Wirtschaft, also das Freiheitsprinzip im Wirtschaftlichen, führt letztlich immer mehr dazu, dass sich dieser Egoismus noch weiter steigern wird.

So kann schließlich ersichtlich werden, dass jedes Gebiet, die Kultur, das Staats- und Wirtschaftsleben sich zwar selbst verwalten und strukturieren muss, es aber auch Rahmenbedingungen benötigt, damit keine einseitigen Übertretungen möglich werden, zum Beispiel durch einen Arbeits- und Umweltschutz, durch Kündigungsgesetze, aber auch durch humane Grenzen bei der Forschung oder bei totalitären Religionssystemen.

Entscheidend wird hier die Rechtssphäre, das politische Leben sein. Dies ist letztlich eine Frage der Demokratie. Demokratie – Volksherrschaft – nicht nur durch Wahlen, sondern auch durch Abstimmungen und Volksentscheide bei Fragen, die alle Bürger betreffen, wie zum Beispiel die Gesundheit, den Frieden, die Bildung, die Altersversorgung etc..

Dies sind Gedanken, wie sie in der sozialen Dreigliederung von Rudolf Steiner angelegt und entwickelt wurden, jedoch, so denke ich, in einer komplexer gewordenen Zeit einiger Erweiterungen bedürfen. Diese sollen im Folgenden mehr stichwortartig als Anregung vorgenommen werden.

Die Bildung, also Schulen und Universitäten, unterstehen heute der staatlichen Obrigkeit, obwohl sie nach der Dreigliederung zum Geistesleben und daher in den Bereich der Freiheit beziehungsweise der Selbstverwaltung gehören. Auf der anderen Seite muss jeder ein gleiches Recht auf Bildung haben, zum Beispiel durch einen Bildungsgutschein, so dass sich daraus ein Zwischenbereich aus Kultur- und Rechtsleben ergibt.

Ähnliches gilt für die Medien-, Rundfunk- und Pressefreiheit. Sie gehört ins Kultur- und Geistesleben, darf aber nicht dazu führen, dass durch wirtschaftliche Zuwendungen bestimmte Bereiche gefördert werden, andere dagegen nicht. Also muss Pressefreiheit auch beinhalten, dass alle Meinungen, sofern sie nicht die Menschenrechte verletzen, auch publiziert werden. Gerade bei Volksabstimmungen sind sonst durch die Mediengewalten zahlreiche Manipulationen möglich. Folglich ist auch hier ein Bereich besonders ins Auge zu fassen, der zwischen Rechts- und Geistesleben angesiedelt werden kann.

Was das Bankenwesen für einen Schaden anrichten kann, wenn es nach reinen Marktmechanismen agiert, konnten wir bereits genügend feststellen. So braucht es auch hier einen eigenen Bereich, der zwischen Wirtschafts- und Rechtsleben angesiedelt ist, die sogenannte Monetative, wo der Geldverkehr, wie der Blutkreislauf im Menschen, die ganze Gesellschaft fördert, also auch als Rechtsgrundlage eingefordert werden muss, wie dies zum Beispiel in einem gemeinnützigem Status der Banken möglich wird.

Und schließlich der Bereich der Landwirtschaft, der, wenn er nur den Marktgesetzen unterliegt, zu ausgelaugten Böden, Massentierhaltung und ungesunden Nahrungsmitteln führt. Ebenso sind grundelementare Lebensbereiche wie die Wasserversorgung, die Ausbeutung von Rohstoffen und die Energiegewinnung nicht nur wirtschaftlichen Prinzipien wie der Gewinnmaximierung zu unterwerfen, sondern als Rechtsprinzip so zu behandeln, dass jeder und dann auch die nachkommenden Generationen, eine gesunde Erde erhalten können.

So ist schließlich aus der Dreigliederung eine erweiterte Siebengliederung entstanden, die natürlich in der Praxis einer detaillierten Ausarbeitung bedarf. Die Dreiheit stellt natürlicherweise das Urprinzip dar, so wie im Makrokosmos dies der Trinität entspricht.

Die Siebenheit vollendet in der Zeit, denn die vier zusätzlichen Bereiche können als eine Art Zwischenstufen angesehen werden, wo sich die drei grundlegenden Bereiche begegnen, ergänzen und befruchten, damit das Ganze, das Wohl der Gesellschaft wachsen und gedeihen kann.

So sollen diese Gedanken zum eigenständigen Weiterforschen anregen und hier nicht vertiefend ausgeführt werden, da sie in früheren Schriften von mir immer wieder angesprochen worden sind.. Zum besseren Verständnis ist hier noch eine zusammenfassende Übersicht angeführt.

Die soziale Gestaltung des gesellschaftlichen Lebens:

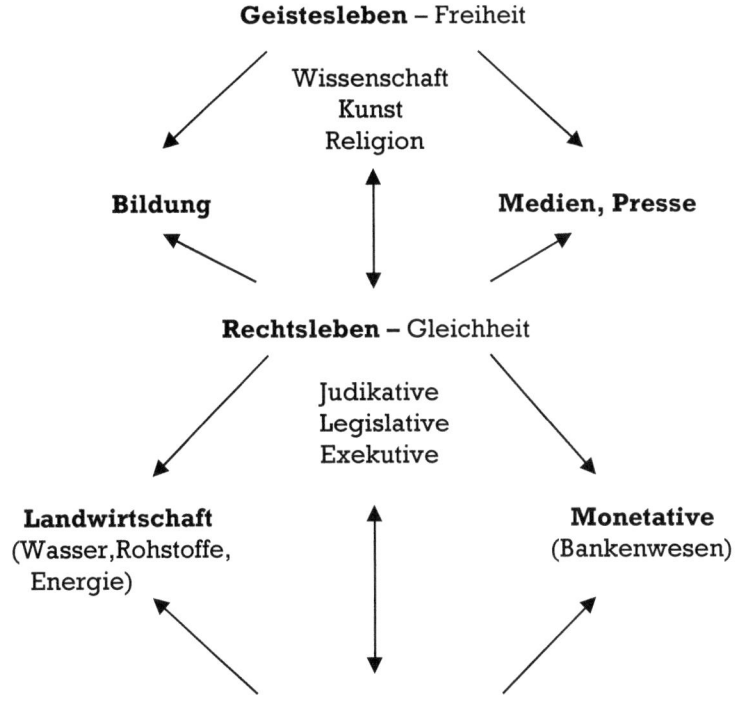

Geistesleben – Freiheit

Wissenschaft
Kunst
Religion

Bildung

Medien, Presse

Rechtsleben – Gleichheit

Judikative
Legislative
Exekutive

Landwirtschaft
(Wasser, Rohstoffe,
Energie)

Monetative
(Bankenwesen)

Wirtschaftsleben – Brüderlichkeit

Produktion
Handel
Konsum

West- östliche Gegensätze

Was sich im Weltganzen als Polaritäten, als Gegensätze, zum Beispiel in den geistigen Haltungen einiger Religionen und Geistesströmungen äußert, ist in analoger Weise auch in der menschlichen Seele zu finden.

Jeder Mensch, auch wenn dies bei vielen noch unbewusst ist, hat irgendwo eine Sehnsucht in sich nach Erlösung, nach Einheit und Verbundenheit, nach wahrer Heimat, nach Erleuchtung und innerem Glück. Gerade in den östlichen Religionen wird verstärkt versucht, diese Sehnsucht stillen zu können.

Auf der anderen Seite erleben wir im Seelischen jedoch auch einen inneren Drang nach Gestaltung, nach dem Ergreifen einer Aufgabe, nach dem persönlichen Wirken und Gestalten in der Welt. Dies hat sich geistesgeschichtlich gesehen vor allem im Okzident geäußert.

Platon war noch mehr der östlichen Geisteshaltung zugetan. Sein Schüler Aristoteles hat dagegen sehr stark mitgewirkt, um die geistigen Grundlagen zum Erforschen der Materie und damit der physischen Welt auszuarbeiten.

Die Gestaltung des Staates bei den Griechen, die Formulierung und Ausgestaltung des Rechtslebens bei den Römern, die Städtegründungen im Mittelalter, sowie die Welterkundungen und wissenschaftlichen Forschungen, beruhten letztlich auf diesem inneren Drängen nach persönlichem Wachstum, Wissen, Weisheit und Können. Große Geister und Eingeweihte wie zum Beispiel ein Pythagoras oder ein Leonardo da Vinci begnügten sich nicht mit einer Selbsterlösung und Erleuchtung, denn gerade eine geistige Erweckung macht die Notwendigkeit sichtbar, diese beiden Pole beziehungsweise diese beiden Sehnsüchte im Innern, die nach dem Einheitsstreben und die nach Weltverwirklichung in sich zu vereinigen.

Doch wie kann dies praktisch geschehen?

Gegensatz oder Ergänzung, dies in der rechten Art und Weise anzuschauen, ist eine grundsätzliche Bedingung für ein gesundes geistiges Wachstum. So hat sich auch im Buddhismus in nachchristlicher Zeit der Mahayana-Weg herausgebildet, wo erst mit der Erlösung aller Seelen der buddhistische Pfad zu Ende geht. Im Christentum wird zudem die Erlösung der ganzen Erde mit aller Kreatur angestrebt. Ja, wir können heute tief empfinden, daß die

Menschheit mit Gedeih oder Verderb an die Erdenaufgabe gebunden ist. So wie dies auch schon der Dichter Novalis vermächtnishaft aussprach: „Wir sind auf einer Mission, zur Bildung der Erde sind wir berufen". Eine Heilung der Menschheitsprobleme wird es folglich auch nur noch im Zusammenhang mit unserer Erde geben können.

Nun gibt es grundsätzlich drei Ebenen oder Wege, um Polaritäten miteinander in Verbindung beziehungsweise in eine Aussöhnung bringen zu können. Die unterste Ebene ist die Mischung. Wollen wir die Sehnsucht nach Erlösung mit der nach Gestaltung mischen, so werden wir feststellen müssen, daß beide Pole verwässert werden. Wollen wir aber nur einen Pol leben und den anderen negieren, entsteht eine Einseitigkeit, die sich mit der Zeit in einem Ungleichgewicht äußern muß. So ist der Westen heute zu materialistisch geworden, der Osten hingegen schaffte es zu wenig, die materiellen Bedürfnisse und Anforderungen zu erfüllen. Einseitigkeiten führen mit der Zeit zwangsweise in eine Krankheit hinein.

Die nächste Ebene eines Ausgleichs wäre der Kompromiß; man findet sich irgendwo in der Mitte. Mal geht man ins religiöse Leben, mal in die Welt. Da kann sich die Seele aber auch innerlich widersprüchlich oder zerrissen fühlen – doch als ein Anfangsweg, hin zu einer Versöhnung, ist diese Ebene für viele sicherlich brauchbar, wenn man nicht in eine Einseitigkeit oder Verwässerung hinein kommen will. Ora et labora – bete und arbeite, war dann auch ein Spruch, mit dem geistiges und weltliches Leben verbunden werden sollte und kann. Zeiten des Gebets und Zeiten der Arbeit wechseln sich ab.

Die höchste Ebene sucht eine tatsächliche Vereinigung der Gegensätze. Dies hat zum Beispiel Goethe in seinen Farbstudien wissenschaftlich aufgezeigt, wo Polaritäten sich so steigern können, dass sie auf einer höheren Ebene wieder verbunden sind beziehungsweise eine Einheit bilden. Hegel zeigte dies philosophisch auf mit seiner These – Antithese und der Synthese, die alles umfassen kann.

Im Christuswirken ist diese Synthese für die Menschheit Wirklichkeit geworden, zumindest als eine Möglichkeit, als eine schöpferische Potenz, die jeder aber erst eigenständig ergreifen muß.

Christus ist der Erlöser, in ihm finden wir das göttliche Leben. Er erlöst aber auch die Welt. Im christlichen Auftrag, in der Arbeit an und für die Welt können wir daher selbst eine Erlösungstat erblicken. In der Arbeit am Mitmenschen, an der Erde und den Wesen der Natur können wir selbst erlöst, können wir selbst heil werden.

Nicht in einem fernen Himmel, nicht in der Abkehr von der Welt, aber auch nicht im sich Verlieren darinnen ist das Heil, sondern in der Verbundenheit von Auftrag und Erlösungswunsch, letztlich in der Einheit der Himmelswelten mit den Erdenreichen, die der Christus durch sein Wirken in einem Menschen miteinander verbunden hat. Christus können wir eben nicht nur als Gottessohn, als Avatar begreifen, sondern auch als Menschensohn, in Jesus, als Mensch, der das Göttliche in sich entfaltet hat und schließlich können wir den Christus sehen lernen als kosmisch-göttliches Wesen, das alles Seiende, alle Schöpfung durchwirkt und belebt. Hier erst, in dieser Zusammenschau des dreifaltigen Christus ist Heil, ist Erlösung, ist Sinn.

Dies zu Erfassen ist nicht nur die Aufgabe des Westens beziehungsweise des Christentums. Der zukünftige Buddha, der Maitreya, hat die Aufgabe übernommen, den spirituellen Strom des Ostens mit dem christlichen Strom des Westens zu verbinden. Ein Sri Aurobindo hat sich zum Beispiel mit seinem Integralen Yoga in diese Richtung eingearbeitet. Sicherlich sind hierfür noch einige Hürden zu überwinden, was zum Beispiel die Frage nach der Ausgestaltung, Reifung oder Auflösung des Ichs betrifft. Da gibt es heute noch viele Hindernisse und Verständnisschwierigkeiten, die zu meistern sind. Doch zahlreiche Begegnungen sind auch heute schon möglich und finden an manchen Orten statt, wo es zunächst darum geht, die Gemeinsamkeiten, gemeinsame Werte und Wege auszutauschen.

Für eine tiefergehende Betrachtung wird es zukünftig aber notwendig sein, sich eine genauere Kenntnis der Entwicklung und Reifung des menschlichen Ichs sowie des höheren Ichs anzueignen. Rudolf Steiner gab in seiner Anthroposophie dafür wertvolle Hinweise. Ich bin dieser Frage in früheren Schriften nachgegangen, so dass ich hier nur darauf hinweisen kann (zum Beispiel in der Schrift: Ich und Welt – Mensch und Gott).

Das Ich ist aber etwas so Besonderes, es macht uns erst zu dem, was wir als ein sich selbst bestimmendes, bewußtes Wesen sind. Daher ist dieses Ich natürlich auch sehr umkämpft und einer vielfachen Versuchung ausgesetzt. Doch daran kann es wachsen und reifen. Oder aber es versinkt im Egoismus, in Leerheitsgefühlen, in Ängsten und in der menschlichen Hybris. Eine Selbstlosigkeit leben, sich also für diese Selbstlosigkeit entscheiden zu können, bedingt ein starkes Ich, wie auch für das Wirken und Gestalten in der Welt. Im Sozialen, wie auch im geistigen Üben, muß es sich dagegen beschränken, es muß zur „Schale" für die Kräfte des Edlen, Hohen und Schönen werden, bis dahin, daß es mit Paulus sprechen kann: „Nicht ich, sondern der Christus in mir".

Ich - Jesus Christus

Ich – Licht

„Ich bin der ich bin" - diese Worte aus dem brennenden Busch an Moses waren der Beginn für das Wirken dieser „Ich bin"-Gottheit in der Erdenwelt. Die sieben „Ich bin – Worte" des Christus helfen dem menschlichen Ich, über sich hinaus zu wachsen, hin zum großen Ich – zu Christus. In ihm sind alle Menschen, Religionen und Geistesströmungen verbunden. Eine neue Religion will und kann daraus erstehen. Eine Religion des Geistes, des heiligen, heilenden Geistes, so wie dies zum Beispiel ein Joachim von Fiore schon vor Jahrhunderten voraussagte. Ein Zeitalter des Geistes sucht diesen alles belebenden und verbindenden Geist in sich und in der Welt.

In allem ist Geist. In diesem Geist sind wir alle verbunden, Ost wie West, Orient und Okzident. Im Pfingstereignis wurde diese Zeit urbildlich vorweggenommen. Diese „neue Religion" braucht keine Institutionen, Kirchen und Tempel mehr. Jeder Einzelne findet darin seine Erweckung, Erleuchtung und Wiedergeburt.

Doch bevor es Pfingsten werden kann, müssen bestimmte Stationen und Stufen eines geistigen Weges durchschritten worden sein. Dies geschieht heute menschheitlich. Die Menschheit steht vor großen Prüfungen und Ereignissen, die alle das Ziel haben, sich von alten, überkommenen Anschauungen, Traditionen und Verhaltensweisen, auch von überholten religiösen Bräuchen, Dogmen und Gesetzen, lösen zu können.

Sodann, es kann der Westen den Osten befruchten und umgekehrt. Zusammen, wenn alle Religionen und Geistesströmungen sich aufeinander zubewegen und sich weiterentwickeln, kommt man zu einer universellen Geistigkeit, die individualistisch, freiheitlich, unabhängig und selbstbestimmt erreicht werden kann. Jeder Einzelne muß darin seinen eigenen Weg finden und gehen können. In diesem Sinne können Gegensätze und Unterschiede in der Berührung mit dem Andersartigen zu einem Aufweichen erstarrter Festlegungen, Meinungen und Standpunkte führen.

Ein esoterisches Christentum vermag es daher, die einzelnen Geistesströmungen so anzuschauen, daß es ihre unterschiedlichen religiösen und weltgeschichtlichen Bedeutungen zu erkennen und einzuordnen vermag. Darum wird diese Geisteshaltung in der Zukunft eine immer größere Bedeutung erlangen müssen. Das esoterische Christentum ist das johanneische Christentum. Die Grundlagen dazu bilden die Erweckung des Lazarus zum Jünger Johannes, das Johannes Evangelium, die Apokalypse und die vielen esoterischen Strömungen, die daraus hervorgegangen sind, wie die Templer, die Gralsritter, die Rosenkreuzer, die Martinisten, die Anthroposophen und die christlichen Hermetiker. Darauf läßt sich aufbauen. Führende Meister und Boddhisattvas in Ost und West bringen von Zeit zu Zeit neue Impulse und Sichtweisen, damit geschehen kann, was geschehen soll. Nur offen müssen wir dafür sein, denn der Geist weht bekanntlich wo er will und nur der, der „Ohren" hat, wird seine Worte hören und verstehen.

Zeitenwende – vom Wandel des Bewußtseins

Wenn auch in östlichen, mystisch ausgerichteten Geistesströmungen gesagt wird, alles Zeiterleben ist Maja, ist eine Illusion, da die menschliche Seele letztlich eine Einheit bildet mit dem universellen Geist, so muß man in einem christlichen Verständnis doch noch eine andere Komponente hinzuziehen. Denn es ist ja nicht gleichgültig, ob oder wann der Christusgeist in einem menschlichen Wesen erschienen ist. Beziehungsweise kann man auch sagen, das Ewigkeitswesen Gottes ist in einem zeitlichen und biographischen Menschenwesen inkarniert gewesen, so dass Ewiges und Zeitliches miteinander eine Verbindung eingegangen sind. Das heißt mit anderen Worten, das Zeitliche wurde wesensgemäß, ist also nicht mehr nur Maja. Dadurch ist überhaupt Entwicklung möglich, individuell und persönlich. Der Mensch entwickelt sich somit vom Geschöpf, vom Geschaffenen selber zu einem schöpferischen Wesen.

Der Mensch, er ist nicht Gott, so wie es die Erleuchteten der Advaita-Schule manchmal behaupten, wenn also die „Welle zum Meer" wird beziehungsweise wenn der Tropfen Wasser im Meer vergeht, denn in einem christlichen Sinne ist der Mensch Gottes Gegenüber, Gottes Du.

„Und ihr werdet Gott sehen von Angesicht zu Angesicht". Das ist die christliche Zukunftsverheißung.

Aber nicht nur durch den Christuseinschlag in die Menschheitsgeschichte hat sich das menschliche Bewußtsein verändert, sondern ganz allgemein durch die fortschreitende Menschheitsentwicklung, wie sie sich durch die großen Kulturepochen geschichtlich vollzieht. Dies hängt vor allem mit der Einwohnung des menschlichen Ichs, also mit seiner allmählichen Individualisierung zusammen.

So hat sich zum Beispiel in der alten ägyptischen Kulturepoche langsam die sogenannte Empfindungsseele herangebildet. Vorher erlebte sich der Mensch nur im Gruppenzusammenhang, noch nicht als Einzelwesen.

Die Empfindungsseele kennt noch keine klare Grenze zwischen Innen und Außen, Oben und Unten. Ein mehr traumhaftes Selbst- und Welt-Erleben schafft erste Regungen des Empfindens der eigenen Person. Vorher war ein Einzelner Teil des Ganzen.

Der alte Ägypter erlebte sich seelisch mit, zum Beispiel in den Taten und Anweisungen des Pharaos oder in den Göttergeschichten, später in den Königen und Volksführern. Ein eigenes Ich war nur keimhaft entwickelt, zum Beispiel im Erleben der Farben, Töne, Stimmungen, die diese durch Resonanz im Innern erzeugten.

Mit der Entwicklung der sogenannten Verstandes- und Gemütsseele in der griechisch-römischen Kulturepoche, astrologisch entspricht dies der Widder-Zeit, begann durch das Ausbilden des Verstandes eine allmähliche Objektivierung der äußeren Welt. Die Außenwelt wird Objekt, so wie dies in unserem naturwissenschaftlich geschulten Denken alleine maßgebend ist für die Betrachtung und Beherrschung der Welt. Die Gemütsseele bedingt im Gegensatz dazu unser inneres Selbsterleben. Das Innere, das Ich-Erleben wird zum Subjekt. Gefühle, Empfindungen und Emotionen werden als das eigentlich Persönliche angesehen. Auf der Entwicklung der Verstandes- und Gemütsseele beruht schließlich unser heutiges Selbstbewußtsein und unsere Ich-Entwicklung, wo jeder sich nun einmal selbst der Nächste ist.

In vorchristlicher Zeit war der Mensch noch innerlich gespalten, ob er eine Ich-Entwicklung und dadurch das Entfernen aus einem traumhaften Gottesbewußtsein mitmachen sollte. Dies wirkt bis heute noch in östlichen Geistesströmungen nach. Die alten Griechen, Römer und Juden begannen mit der Ich-Entwicklung, die Griechen mehr im Denken und der Philosophie, die Römer im Rechts- und Staatsleben und die Juden in der Religion. Dadurch begann auch die Gefahr einer Ich-Verhärtung, wie sie zum Beispiel in dogmatischen Lehren und egoistischen Handlungen sichtbar wird. Durch die Ich-Entwicklung geschah schließlich die Götterdämmerung, das Bewußtsein für den Allgeist schwand. Dafür erwachte das Selbstbewußtsein.

Heute leben wir am Beginn der Zeit einer erneuten Götterbegegnung, aber nun bewußt und ichhaft. Mit dem Erscheinen des Gottes-Ichs, des Christus im Menschen, ist das Ich mit dem Göttlichen wiederverbunden worden und kann daher in Freiheit im eigenen Ich gefunden werden, wenn dieses Ich sich vorher selbst bejaht und allmählich bereit wird und lernt, sich dem hohen Ich hinzugeben. Dazu hat sich die Verstandes- und Gemütsseele und damit auch eine gewisse Ich-Identität zu wandeln.

Mit der begonnenen Bewußtseinsseelenzeit, in der wir seit dem 15. Jahrhundert eingetreten sind, soll sich zukünftig ein neues Element in der Seelenentwicklung herausbilden, das mit einer gewissen Umkehr verbunden ist. Viele Esoteriker möchten natürlich am liebsten mit einem „Kick" in die 5. Dimension, in ein kosmisches Bewusstsein beziehungsweise in ein „Erwachen" eintreten. Das würde aber nur auf Kosten der persönlichen Entwicklung und eines Ich-Bewußtseins geschehen können, wenn der Mensch also in das große Meer des zeitlosen Seins eintreten kann. Dies ist aber nicht im Sinne einer fortschreitenden Menschheitsentwicklung und entstammt eher einer luziferischen Geistigkeit.

In der Bewußtseinsseelenzeit, in der das Ich erst richtig zu sich selbst erwachen kann, soll das Innere, das Seelische, also unser Denken, Fühlen und Wollen verobjektiviert werden. Dies geschieht durch Selbstbeobachtung; das Ich soll sich vom subjektiv Seelischen lösen können, Abstand gewinnen. Dies kann geschehen, wenn wir uns mehr wie von Außen selbst beobachten. Daraus resultiert mit der Zeit ein denkendes Denken, ein fühlendes Fühlen und wollendes Wollen beziehungsweise unser Denken, Fühlen und Wollen wird ichhaft geführt. Daraus entsteht erst eine wirkliche Freiheitsmöglichkeit im Innern.

Als weiterer Schritt, der aus einem Motiv, einem Erkenntnisringen entsteht, verbindet sich das Ich mit dem „Außen", mit der Welt der Mineralien, Pflanzen, Tiere, Menschen, mit den Planeten, ja mit dem ganzen Kosmos mehr in einem seelischen Erleben, durch Mitgefühl und Empathie, aber nun mit der „Innenwelt des Außen". Ein subjektives Erleben, ein Einssein und Einsfühlen mit der Lebenswelt der Pflanzen, der Seelenwelt der Tiere und der Ichhaftigkeit der Mitmenschen bis hin zum Erleben der Götterwelten kann sich ereignen, worinnen sich das Wesenhafte der Welt aussprechen kann. Diese Verbindungen können subjektiv erlebt werden, da wir auf der seelisch-geistigen Ebene sowieso mit allem verbunden sind.

Die Naturwissenschaft der Verstandesseele sucht die Erkenntnis in den äußeren Welterscheinungen; die Weisheit der Welt soll dadurch zum Wissen beziehungsweise zur Weisheit im Menschen heranreifen. Lernt der Mensch die Weisheit der Natur durch ein ehrfurchtsvolles Naturbetrachten, so kann sich daraus die Liebe entzünden. Ob diese sich zunächst nur als Selbstliebe oder als Nächstenliebe, als Naturliebe oder gar als Gottesliebe äußert, ist erst einmal gar nicht das Entscheidende. Hauptsache wir beginnen zu lieben.

Die Bewußtseinsseele sucht nicht nur die Weisheit beziehungsweise das Wissen und Können der Welt, sondern vor allem die Weisheit des Herzens und strebt im weiteren an die Liebe zu und mit allem. Hier im Herzen sind wir mit allem verbunden. „Man sieht nur mit dem Herzen gut". In dieser Haltung wird sich die Naturwissenschaft auch immer mehr wandeln können, hin zu einer Geisteswissenschaft, die das innere Wesen der Welt erkennt.

Das Bewußtsein, durch die Liebe mit allem verbunden zu sein, entwickelt schließlich ein erhöhtes Bewußtsein, das sogenannte Geistselbst- oder Manasbewusstsein. Dieses kann heute nur in den allerersten Keimen für uns Menschen wahr werden, wenn wir allmählich unser Bewusstsein immer stärker auf den alles verbindenden und heilenden Geist ausrichten. Diesen immer mehr wahrzunehmen, sich darauf auszurichten, ist die eigentliche Aufgabe der Bewußtseinsseele. Wer diese Schritte zukünftig nicht mitmachen will, aus Bequemlichkeit und Eitelkeit, bleibt in seiner seelisch-geistigen Entwicklung stehen. Jedoch, gut Ding braucht gut Weil, so hat die Menschheit dafür noch einige Jahrhunderte Zeit, doch den Anfang, den Beginn können wir heute schon setzen. Im Manas-Bewusstsein erweitert sich das menschliche Bewußtsein in den Wahrheitsgehalt der Welt hinein. Kosmische Gesetze werden erkannt und subjektiv, als eigen erlebt. Das Göttliche in seiner Unermesslichkeit kann von uns zunächst nicht direkt wahrgenommen werden, nur in den geistig-moralischen Gesetzen offenbart es sich im Kosmos, in der Natur und im Menschen. Diese Gesetze dürfen wir erkennen, in dem wir sie seelisch erleben und im persönlichen Leben anwenden. Dadurch wächst man allmählich in das neue Bewußtsein hinein.

Ja, der Mensch wird durch sein Wollen und Tun immer stärker erleben können, ob dieses in Einklang ist mit dem Willen des Alls oder ob er sich davon entfernt. Dies ist eben ein Resultat der sich entwickelnden Bewußtseinsseele. „Und die Wahrheit wird euch frei machen".

Einsichten und ein Miterleben der karmischen Gesetze, sowie der Gewissensimpulse und innerseelischen Stimmungen, aber auch Krankheits- und Krisenwege werden zunehmen, damit der Mensch immer mehr in Einklang kommen kann mit seiner eigentlichen Bestimmung, damit er einem sinn- und weisheitsvollen Leben, in der Liebe zu einem freien Handeln, entgegengehen kann.

Die alte Verstandes- und Gemütsseelenhaftigkeit muß dabei überwunden und erweitert werden. Dazu braucht es aber ein freies Ich, das sich selbst bestimmen und die neue Richtung selber vorgeben lernt, das sich also selber helfen und heilen kann.

In früheren Zeiten war die Entscheidung maßgebend: entweder ein Ich oder ein Gott in mir, was oftmals zu innerer Zerrissenheit und weltabgewandtem Handeln führen mußte. Heute ist ein Ich und ein Gott angesagt. Das Göttliche und die freie Person dürfen in der Seele zusammenkommen. Eine Einheit von Herz und Haupt, vom Leben Gottes im Menschen mit dem geheiligten Ich will sich zunächst im Denken und dann im Willen des Menschen ereignen. Dazu muß das Ich bereit sein, sich zu opfern, nicht mehr der Mittelpunkt sein zu wollen. Denn das Gottes-Ich überstrahlt das Menschen-Ich, das sich selbst zurücknehmen muß, damit die innere Sonne zu leuchten beginnen kann. So wie dies der Rufer in der Wüste schon vorherverkündete: „Ich muss abnehmen, er muß wachsen".

Golgatha heißt für den Menschen auch: der Mensch gibt sich Gott ganz hin, er opfert sich dem Willen Gottes, aber auch, der Gott opfert sich dem Menschen, er nimmt ihn an und erlöst ihn aus seiner Vereinzelung. Die Stimme des Gewissens hört Gott, im Gewissen spricht sich das Göttliche aus.

Eine Geisttaufe will sich ereignen, der heilige, heilende Geist kommt auf den Menschen herab, er will in ihm Wohnung nehmen. In früheren Zeiten mußte die menschliche Seele aus dem Leiblichen herausgehoben, entrückt werden, um eine Geistbegegnung finden zu können. Mit der Taufe am Jordan, wo die Taube, dem Symbol des Mütterlichen in Gott erschien, begann eine neue Zeit. Bei hellem, wachen Ich-Bewusstsein, im Leibe anwesend, wird der Geist in sich gefunden, wenn der Mensch die geistige Feuertaufe des Christus empfängt. Das nennt man die Wiedergeburt im Geiste. „Du bist mein geliebter Sohn, heute habe ich dich geboren".

Ein menschheitliches Pfingsten will sich einmal ereignen, der Geist Gottes und damit ein göttliches Bewußtsein will im Menschen auferstehen. Das ist das Signum und die Kraft des zukünftigen Wassermannzeitalters, an dessen Beginn wir heute stehen.

Ebenen des Heils

So viele Angebote an Gesundheitsvorsorgen und Therapie-
maßnahmen und zwar aus aller Welt hat es bestimmt noch nie
gegeben. Zwar werden die Menschen immer älter, doch wirklich
gesünder oder gar heiler nur recht selten. Auf der einen Seite erleben wir also eine Zunahme an Gesundheitsprogrammen und
Leistungen, auf der anderen Seite jedoch einen Anstieg an krankmachenden und schädigenden Faktoren, sei es aus der Umwelt
oder aus seelisch bedingten Schwierigkeiten und Überforderun-
gen, die uns mehr und mehr zu schaffen machen.

So will ich hier einige Ebenen beschreiben, die für unsere Gesundheit und im weiteren auch für unser Heil maßgebend sind,
die wir letztlich aber zusammenfassend betrachten müssen, um
erkennen zu können, wo, was und warum schadet mir etwas
meiner Gesundheit, meinem Heil.

Da ist zunächst die körperliche Ebene am naheliegendsten. Eine
gesunde Ernährung, ausreichend Bewegung und Schlaf, Einflüsse
aus erd- und elektromagnetischer Strahlung, Gifte und Umwelt-
faktoren wie Lärm, Amalgam sind zu beachten, wie auch ein gesunder Schlafplatz und eine natürliche und rhythmische Lebensweise. Da kann uns eine zeitweise Diät oder das Fasten, eine
körperliche Entgiftung, wie auch Massagen, Sport, Gymnastik, die
Elemente der Natur und vieles mehr weiterhelfen.

Im Bereich des Lebensgefüges, der vitalen oder ätherischen
Kräfte, sind heute vielfältige Beeinträchtigungen zu erleben.
Stress, Bequemlichkeit, eine unrhythmische Lebensweise, unge-
sunde Wohnungen und Arbeitsräume, E-Smog, ungesunde
Kleidung und einseitige Belastungen, wie die Kopfarbeit oder das
zu lange Sitzen vor dem Computer schädigen letztlich unser
Immunsystem. Da kann die Akupunktur, die Akupressur, die
Meridiantherapie, wie auch Yoga, Chi Gong, Eurhythmie, die
Farbentherapie oder schöne Erlebnisse in der Natur ausgleichend
wirken.

Im Bereich des Seelischen sind es vor allem eigene negative und
destruktive Gedanken- und Gefühlsmuster, mit denen wir uns
selbst einengen. Da gilt es zunächst, die eigenen seelischen Bedürfnisse wahrnehmen und artikulieren zu lernen. In der Ruhe und
Entspannung können wir neue seelische Kräfte tanken, jedoch,
die Seele, sie will auch Abwechslung und Anregung, sich lernend
entwickeln, durch Bildung, durch Schönheit und Kunst, durch

Muse, Freude und Herzlichkeit, durch Frömmigkeit und einer seelischen Schulung, wie sie zum Beispiel durch die sogenannten Nebenübungen oder in Seelenreisen, in Imaginationsübungen und ganz allgemein in der seelischen Läuterung und Transformation gewonnen werden.

Des weiteren ist natürlich auch die geistige Ebene zu beachten und da nicht nur der Erwerb von Wissen, sondern vor allem auch eine spirituell-religiöse Dimension. Wir müssen lernen, ein eigenes Weltbild zu kreieren, das auf unserem Selbstbewußtsein und unserer Selbsterkenntnis gründet. Wir können diesen einseitigen und krankmachenden (sklerotisierenden) Materialismus nur überwinden, wenn wir ein Bewußtsein von uns selbst im Verhältnis zur Mitwelt, zur Erde und zur geistigen Welt erschaffen. Dazu müssen wir lernen, aus den geistigen Impulsen unseres eigenen Inneren heraus, die Initiative zum Handeln in der Welt zu ergreifen. Jeder Mensch hat seine ureigensten Impulse, Talente und Fähigkeiten, die geweckt und gefördert werden wollen. Damit sollen wir lernen, die Welt mit zu gestalten. Im oder besser gesagt, aus dem Geiste heraus, finden wir unsere innersten Beweggründe, unsere Berufung zum Wirken in der Welt. Daraus entsteht erst ein sinnvolles Tun.

Doch dabei will auch die Umwelt, das soziale Umfeld beachtet sein. Soziale Kontakte können krankmachend sein oder helfen, zu gesunden. Heilende Beziehungen bedingen die Bereitschaft und Notwendigkeit, an unseren Beziehungen zu arbeiten.

Dies führt uns in die Ebene des Schicksals. Die Schicksalsaufgabe, das Karma, gilt es anzunehmen und verstehen zu lernen. Altes, Gewordenes müssen wir anschauen und daraus lernen und letztlich dürfen wir immer wieder gutmachen, verzeihen und vergeben, um zukünftig bessere Möglichkeiten erreichen zu können. Auf diesem Weg des Schicksalsverständnisses kann uns die Astrologie und die Karma-Arbeit eine gute Hilfe bieten.

Eine Heilung kann nur geschehen, wenn wir verzeihen lernen, auch uns selbst, unseren Mängeln und Schwächen und natürlich auch den Vergehen und Beeinträchtigungen von Seiten anderer. Wir müssen unser Schicksal annehmen und es zum Guten hin wandeln lernen. Jede Situation kann verbessert werden. Und dann dürfen wir das Schlechte, Krankmachende und Niederziehende vergessen, denn sonst bleibt es trotz Vergebung eine Last.

Wir lernen aus allem, sind dankbar dafür, auch für das Unvollkommene, wählen für die Zukunft aber eine neue Lebensausrichtung, die uns in Einklang bringt mit dem Willen der Welt. Und dieser „große Wille" betrifft vor allem unseren Umgang mit der Erde, denn des Menschen Heil ist abhängig vom Heil der Erde. Der Mensch wird zum Heiler der Erde oder aber zum Krankheitsbeschleuniger.

Vielleicht fühlt sich manch Einzelner recht ohnmächtig bei den vielfältigsten Attacken, die unser Heimatplanet durch die Menschheit heute noch erfahren muß. Doch liebende und dankende Gedanken und Gefühle der Erde und den Naturwesen gegenüber kann jeder haben - und das hilft enorm.

Zudem ist eine Bescheidenheit im Verbrauch von Rohstoffen anzuraten, denn weniger ist oftmals mehr. Viele Verbrauchsgüter können zudem recycelt werden, zu Materialien, die für andere Verwendungen brauchbar werden. Erneuerbare Energien, eine biologische Landwirtschaft, ein nachhaltiges Wirtschaften et cetera muß gefördert werden, das wissen wir eigentlich alles schon sehr lange, doch oftmals fehlt die Kraft oder auch die Mittel, alles konsequent umzusetzen.

Eine Hilfe bietet uns die Erde selbst, wenn wir ihre Jahresrhythmen und religiösen Feste miterleben. Denn darin steckt viel Weisheit. So brauchen wir auch nicht so viel klagen, zum Beispiel über das Wetter, denn ein Schlechtreden hilft gar nichts. Lieber sollten wir uns freuen, tanzen, singen und lieben; jede Jahreszeit und jedes Wetter hat immer auch noch etwas Gutes.

Durch das Erkennen von Kräften und Wegen der Erdheilung, zum Beispiel durch die Geomantie und einem geistgemäßen Leben der Menschen, helfen wir der Erde. Daraus erwachsen die vielfältigsten Lebensaufgaben – in der Arbeit an der Erde, auch wenn es nur auf dem Balkon oder im Umgang mit den Zimmerpflanzen ist, sowie der Arbeit an der Welt, in Kultur, Politik, in Wirtschaft und Gesellschaft. Überall dürfen wir selbst zum Mitgestalter, zum Heiler werden und damit dem Ganzen zum Heil gereichen.

Helfer in der Not

Natürlich dürfen wir dankbar sein für ein modernes Medizin-
wesen, das durch die neuesten medizinischen Techniken vor
allem in der Chirurgie bei physischen Problemen, Unfällen und
Brüchen eine erste Hilfe in Notlagen zu geben vermag. Auch sind
durch chemische Präparate in der Notfallmedizin bei akuten
lebensbedrohenden Zuständen wichtige Hilfen gegeben. Doch
muß man dabei bedenken, daß diese Formen der Arzneien mehr
einen Substitutionscharakter aufweisen, wie eben jegliche Formen
von Prothesen es tun. Es ist damit keine wirkliche Heilung möglich, nur ein Ersatz für bestimmte Funktionen, die der Mensch aus
seiner kranken Disposition alleine nicht mehr bewerkstelligen
kann. So sind dieser schulmedizinischen Ausrichtung auch Grenzen gesetzt, was vor allem bei chronischen Leiden zum Tragen
kommen kann.

Da helfen und heilen die Mittel aus der Naturheilkunde, der
Homöopathie, der chinesischen und ayurvedischen Medizin, wie
auch der anthroposophischen Medizin und Spagyrik schon eher,
da sie nicht nur das Symptom behandeln, sondern den ganzen
Menschen. Eine ganzheitliche Betrachtung versucht dann auch in
erster Linie die Selbstheilungskräfte im Menschen zu stärken,
wobei entweder Vitalstoffe, Vitamine und Mineralien oder natur-
heilkundliche Mittel eingenommen werden, die als Reaktions-
mittel die Gesundungskräfte im Menschen anregen sollen. Dafür
braucht man oftmals viel Geduld und Ausdauer, da die gesundheitlichen Leiden meistens nicht von heute auf morgen entstanden
sind, sondern des öfteren durch ein lange andauerndes Fehlver-
halten in den Lebensgewohnheiten und Seelenmustern entstanden sind.

Dabei sind bei therapieresistenten Dispositionen meistens
psychologische Therapien hinzu zu nehmen. Durch Gespräche,
seelischer Ausdrucksarbeit, durch analytische Aufarbeitungen,
durch Einbeziehung der Umwelt in Familie und Beziehung und
weiterem, können psychische Probleme bewußt werden. Oftmals
hilft für eine Selbstfindung und Selbsterfahrung auch die Arbeit in
einer Gruppe, wie sie zum Beispiel in den Anonymen Gruppen
praktiziert wird.

Eine zusätzliche Hilfe bieten die vielfältigsten physiothera-
peutischen Maßnahmen wie Sport, Massagen und Körperthera-

pien, die Spannungen lösen, Schmerzen beseitigen und heilende Impulse für den Körper und die Seele geben können.

Am wenigsten sind aber bis heute die geistigen Therapien ins Bewusstsein der Heilkundigen und Hilfesuchenden getreten. Durch Entspannung, Meditation, Konzentration, durch Karma-Schau und religiöser Zuwendung, durch eine esoterische und astrologische Schicksalserkenntnis können oftmals die tieferliegenden Ursachen bestimmter Krisen und Krankheiten bestimmt werden.

Letztlich geht es aber bei allen Leiden darum, daß wir durch Annahme und Schicksalsergebenheit innerlich und da vor allem in der Liebe wachsen können. Der Therapeut ist dabei mehr ein Begleiter als ein Macher, der durch bestimmte Techniken und Methoden die Probleme „wegzaubern" kann. Eine Technik dient der Berührung, dem sich Öffnen können, die Heilung muß aber von Innen, vom Patienten selbst kommen. Oftmals bedingt dies eine Abkehr von alten Gewohnheiten, also einer Bewußtseins- und Lebensänderung, wobei vor allem ab der Lebensmitte die Liebe für das Neue, für das Gesundmachende und die Freiheit, diesen Weg selbstbestimmt gehen zu wollen, zusammen kommen müssen.

Die Liebe und die Freiheit, sie ergänzen sich und wollen zusammen gelebt und verbunden sein. Und dies in allen Lebensereignissen. Denn oftmals fühlen wir uns unfrei, weil wir unser Tun beziehungsweise unser Leben nicht wirklich lieben können. Andererseits kann uns die Liebe an Dinge und Menschen auch fesseln, gefangen und unfrei halten. So bedarf es hier schon eines künstlerischen Vermittelns, wie ja überhaupt die Kunst es ist, die Gegensätze und Polaritäten ausgleichen und harmonisieren kann. Die Weisheit vermag es schließlich, das Leben so zu gestalten, so zu harmonisieren, daß wir im Ausgleich von Nähe, von Verbundensein und Liebe und der individuellen Freiheit, dem persönlichen Wirken und Tun, was oft mit einer Distanzierung, einem Rückzug vom geliebten Menschen oder liebgewordenen Dingen, Ereignissen und Gewohnheiten zu tun hat, erst zu einem freien und befriedigenden Ganzen kommen können. Ja, man muß halt immer auch noch loslassen können, auch die liebgewordenen Dinge, um die eigene Freiheit zu bewahren. Das gilt für alle Sachen, Muster und Einstellungen im irdischen Sein, sonst sind wir zu arg daran gebunden.

Und schließlich dürfen wir immer auch um den göttlichen Beistand bitten, wobei das Bitten und das Danken zusammenkommen muß, damit göttliche Kräfte, damit das göttliche Licht, das innere Licht zu leuchten beginnen kann. Die Geburt des inneren Lichtes geschieht im Innen, wenn wir in das große Schweigen, in die große Stille eintreten.

Der Christus als der Heiland darf in uns, darf in diesem leeren Seelenraum, in dieser Stille da sein und wirken. Er darf alles durchlieben und damit ausheilen – leiblich, ätherisch, seelisch und schicksalhaft.

Das Karma lieben, auch das Krankheitskarma, heißt, es zu etwas Besserem hinzuwenden. Der Christus leitet das persönliche Schicksal so, daß es für den Menschen, für die Seele zum Heil gereichen kann. Das heißt aber nicht, daß sich dann alles so ergeben muß, wie wir uns das wünschen. Eine christliche Schicksalsheilung dient letztlich dem Wohl des Ganzen, dem Wohl von Erde und Menschheit. Engel des Heils und der Gesundheit und die verschiedensten Elementarwesen können auf diesem Wege helfend mitwirken.

Ohne eine Harmonisierung und Belebung des Lebensleibes können Gesundungen des Körpers jedoch längerfristig nicht entstehen. Die schädigenden Wirkungen aus dem Seelischen, aus negativen Gedanken- und Gefühlsmustern oder aus dem Körperlichen durch eine ungesunde Lebensweise, hinterlassen einen disharmonischen beziehungsweise einen verunreinigten Ätherleib. Dafür müssen wir selbst einen Ausgleich, eine Gesundung herbeiführen, wie dies zum Beispiel durch das Praktizieren von Yoga- oder Chi Gong- Übungen, durch Eurhythmie, Runen-Gymnastik, Spaziergänge, Naturbetrachtungen, durch künstlerische Therapien und einem vielfältigen Leben mit den Elementen der Natur möglich wird. Eine vitalstoffreiche Ernährung, eine gesunde Lebensweise, viel Sonne, Meer, Wald und die gesunde Luft der Berge sowie eine friedvolle, freudige und positive Seelenstimmung, in der die Liebe immer mehr zu wirken beginnt, ja, dies alles zusammen wirkt gesundend, ja, es heilt den ganzen Menschen, wenn er auch bereit ist, an seinen Gebrechen und Leiden innerlich zu wachsen.

Geistige Heilweisen

Heilen ist mehr als die Wiederherstellung eines natürlichen, gesunden Zustandes nach durchgemachten Krankheiten. Der ganze Mensch nach Körper, Seele und Geist soll ganzer, soll heiler werden.

Normalerweise werden wir krank durch physische, ätherische und vor allem astralisch-seelische Einflüsse. Das menschliche Ich kann sich so mit Einseitigkeiten in den Lebensgewohnheiten verbinden, dass zwangsläufig Krankheit entstehen muß. Das Ich hat aber die Möglichkeit, von den leiblichen Hüllen unabhängig zu agieren, in dem es sich mit den geistigen Quellen in sich verbindet. Normalerweise ist das Ich heute noch zu schwach, um selbsttätig die unteren Glieder des Seelenleibes, des Ätherleibes und des physischen Leibes in eine Harmonie und Ordnung bringen zu können. Daher müssen heute noch die vielfältigsten Mittel aus den Reichen der Pflanzenwelt, der Tierwelt und der Welt der Mineralien zum Einsatz kommen, um die gestörte Ordnung wieder in einen harmonischen Zusammenhang überzuführen.

In Zukunft, wenn das Ich so stark geworden ist, um sich bewußt mit den höheren Wesensgliedern des Manas, des Buddhi und des Atman zu verbinden, wird es die leiblich-seelischen Hüllen von da aus wandeln und heilen können. Beziehungsweise kann man auch sagen, durch die Arbeit des Ich an den unteren Hüllen wird, im Verein mit dem höheren Ich, das Geistselbst, der Lebensgeist und der Geistesmensch, also das Manas, Buddhi und Atman erst ausgebildet. Doch die Zeit ist heute schon da, wo der Mensch lernen muß, vom Ich aus seine seelischen Kräfte und Emotionen immer besser lenken und steuern zu können.

Deshalb gibt es heute auch schon Heilmethoden, die mit übersinnlichen Kräften arbeiten und die ich im Folgenden kurz aufzählen will.

Die älteste uns bekannte Form ist der sogenannte Mesmerismus, wo mit Magnetismus als Heilkraft gearbeitet wird. Dies vor allem bei Ätherleibverunreinigung und –schwächung, wo durch magnetische Ausstreichungen mit den Händen eine Harmonisierung des Lebensleibes erreicht wird. Ähnlich ist dies überhaupt bei Energieübertragungen durch Handauflegen. Dem Patienten wird dabei Lebens-Energie des Heilers übertragen, daher darf dies nur jemand praktizieren, der selber sehr starke Lebenskräfte zur Verfügung hat. Oder aber der Heiler macht sich zum Kanal, zum

Überträger für Energien aus dem Kosmos. Da gibt es heute die vielfältigsten Möglichkeiten. Vom Reiki durch bestimmte Symbole, die mit kosmischen Heilkräften verbinden oder auch durch Runen, zum Beispiel der Hagal-Rune, die wie Antennen für kosmische Energien wirken, aber auch Metalle, Edelsteine, Orgon-Akkumulatoren, die Tesla-Energiescheiben und ähnliches versuchen, kosmische Kräfte für den Menschen nutzbar zu machen.

Auch die Akupunktur vermag es, mit recht irdischen Dingen, wie den Nadeln, einen ätherischen Ausgleich im Menschen herzustellen, da das Meridiansystem in früheren Zeiten von dafür begabten Menschen noch wahrgenommen werden konnte.

Eine weitere Ebene, um mit unbewußten Kräften und Ebenen im Seelischen in Kontakt zu kommen, ist das schamanische Heilen, die sogenannten Seelenreisen, wie im Tempelschlaf, beim Yoga-Nidra oder bei karmischen Rückführungen. Der Patient wird unter der Führung eines Therapeuten in einer Tiefenentspannung in das eigene Unterbewusste, in die Astralebene der Seele geführt, meist durch bestimmte Bilderabfolgen beziehungsweise sogenannten Imaginationen.

Als Seelenführer in den Bereichen des Unbewußten können dafür Helfer und Führer aus den Tier-, Baum- oder Engelwelten, aber auch aus dem Reich der Naturwesen herbeigebeten werden. Ja, das kann bis zum geistigen Führer, den jeder Mensch hat, hinführen. Nur mit Hilfe eines solchen Führers können wir unbeschadet in die Seelenschatten eintauchen, wo oftmals abgründige Kräfte und Wesen ihren Wirkensort haben. Da kommt man meist an tiefliegende karmische Ursachen heran, deren innere Bilder Probleme aufzeigen, die uns im Leben immer wieder begegnen. Ohne innere Helfer und Heiler, wie dem Schutzengel oder bestimmten Krafttieren, die in der Astralebene führen und helfen, sollte man diese Arbeit aber nicht forcieren, zum Beispiel nur um der Neugier willen. Der Engel führt und zeigt nur das im Innern, was wir momentan zur weiteren Heilung benötigen und auch verkraften können.

Wem diese Arbeit zu nebulös oder doch zu gefährlich erscheint, kann sich auf den Weg der Erkenntnis begeben. Eine Selbsterkenntnis und Schicksalserkenntnis kann nämlich auch aus den bewußten Begebenheiten und Problemen im biographischen Leben erwachsen, die uns im alltäglichen Leben immer wieder begegnen, wenn wir lernen, die darin innewohnenden Prinzipien zu erkennen. Überhaupt ist es vorteilhaft, die geistigen Gesetze zu kennen, die unser Leben mitbestimmen, wie zum Beispiel das Gesetz der Resonanz, das der goldenen Regel oder der Synchronisation. Dadurch werden wir mit der Zeit lernen, unser Leben weisheitsvoll und im Einklang mit dem Ganzen, dem Willen der Welt zu gestalten. Die Wahrheit, die allem Sein zugrunde liegt, sie heilt und macht frei.

So dürfen wir uns auf diesem Weg einer allmählichen Läuterung und Wandlung unterziehen, in dem wir seelische Fähigkeiten und Tugenden erwerben, zum Beispiel auch durch eine entsprechende Chakren-Arbeit, da eine seelische Schulung auch eine Heilung bringen kann. Ich werde diesen Bereich in einem anderen Kapitel noch etwas mehr und detaillierter ausarbeiten.

Nicht zu vergessen bei all dem ist aber auch die menschliche Begegnung, die zu einer heilenden Begegnung auch zwischen Patient und Therapeut werden kann, wenn durch das Gespräch Seelentüren und Herzensräume geöffnet werden können. Dies ist überhaupt eine Bedingung, dass die höheren Heilkräfte in die Seele des Menschen einfließen können.

Göttlich-geistige Heilkräfte, ob durch Übermittlung durch Hände, Gebete, einer kultischen Handlung, bestehend aus der Verkündigung, der Opferung, der Wandlung und dann erst der Kommunion, der Vereinigung mit dem Geist, sie wollen den Menschen erreichen, auch als Gnadenakt in den Sakramenten, zum Beispiel im Abendmahl oder in der Beichte, wenn sich Menschen in der Gemeinschaft, in einem Gottesdienst oder ähnlichem diesem Göttlichen zuwenden.

In einer solchen Gemeinschaft kann jeder zum Helfer und Heiler für den anderen werden. Natürlich kann man bestimmte Techniken erlernen, verschiedene Ebenen wahrnehmen und sich darin ausbilden.

Ein göttliches Heilen geschieht aber erst durch Berufung, in dem sich der angehende Heiler mit dem Zeitgeist Michael verbinden will und natürlich mit dem Heilerengel Raphael. Geistige Helfer gibt es immer; wir dürfen sie herbeibitten, anrufen und dankend annehmen.

Bei geistigen Heilungen ist im Vorfeld aber immer abzuklären, ob karmische Belastungen eine Heilung überhaupt möglich machen. Sonst kann man nur um Erkenntnis und Beistand des Christus bitten. Bei leiblichen Krankheiten hilft vor allem das Licht und das Leben der Mutter Gottes, bei ätherischen Krankheiten der Erzengel Raphael, bei seelischen Krankheiten der Christus, bei mentalen Krankheiten und krankmachenden Mustern die göttliche Sophia und schließlich bei karmischen Krankheiten der göttliche Vater in Christus.

Christus heilt in der Herzenergie, Raphael im Hara, die Sophienwesenheit im Scheitel-Zentrum, die Mutter Gottes energetisiert das Wurzel-Chakra, das Gespräch beziehungsweise die geistige Begegnung von Patient und Therapeut heilt im Hals-Chakra durch die heilenden Ströme des Wortes und im Solar Plexus-Chakra wird der Mensch selbst zum Therapeuten und Heiler, in dem er durch sein persönliches Erkennen und Wissen, sich mehr und mehr die heilende Qualität des „Ich bin" aneignen kann. Im Stirn-Chakra erwirkt der Mensch durch die eigene Vernunft und Erkenntnisfähigkeit Selbsterkenntnis und Weisheit, was zu einem gesunden Leben hinführen kann.

Durch das Scheitel-Chakra strahlt das höhere Ich in den Menschen ein. Ein geöffnetes Scheitel-Chakra ist dann auch eine Vorraussetzung für die Berufung zum Heiler, denn erst dann kann das Selbst in der Einheit mit dem Christus und der Sophia den „Heiler" durchleuchten. Christus öffnet die Seelenaugen im Menschen in Verbindung mit der Mutter Gottes. Alle Chakren müssen dafür offen sein. Der Mensch als Heiler wird zum Lichtstab, zum Mercurius, dessen Heilersymbol der Merkurstab ist.

Die Höhe, also die vertikale Richtung, sie bringt das Licht bis in die Finsternis, bis in die Krankheit hinein. Die Schlangen, links und rechts, sie symbolisieren die Kräfte des Männlichen und des Weiblichen. Dabei geht es letztlich um das Zusammenbringen und den Ausgleich dieser Polaritäten, um diese nach oben, zum Göttlichen hin zu leiten.

Auch als Meditations- und Heilübung kann dieses Lichtstabsymbol dienlich sein, um Äther- und Geistströme in sich spüren zu lernen. Dies soll hier als kurze Übung beschrieben sein:

1. In sich eine energetische Einheit bilden als Vorbereitung zum heilen. Oben und unten, links und rechts verbinden, so daß man sich durchströmt fühlt und als Einheit erlebt im Leib-Seele-Geistgeschehen
2. Anrufung: die heilenden Mächte herbeibitten und dankend annehmen.
3. Sich durchströmen lassen.
4. Den Atem spüren – Innen und Außen wahrnehmen.
5. Die Lichtkraft in sich spüren und ausstrahlen, zum Beispiel durch die Hände.
6. Achtsamkeit – Wahrnehmung von allem, was erscheinen will.
7. Stille – fließen lassen.
Dabei dürfen wir intuitiv spüren, wann es genug, wann die Übung zu Ende ist.
Entweder wir lassen alles nachruhen oder wir führen mit dem Patienten ein Nachgespräch. Die Wirkung der Heilenergie braucht Zeit. Es geht mehr um ein Geschehenlassen, denn als eigenständiges Tun. Das Wichtigste dabei ist der Dank, von Seiten des Therapeuten wie auch des Patienten.
Wir dürfen schließlich das Vertrauen haben in den heilenden Geist. Er durchwirkt und veredelt uns. Eine Alchimie der Seele, eine Wandlung und Lebensänderung wird sich mit der Zeit auf jeden Fall ergeben, wenn wir bereit sind, diese heilenden Impulse im Leben umzusetzen.

Geistige Schulungswege

Das menschliche Wesen ist dreifacher Natur. Die körperliche, irdische Ebene ist uns allen bewußt. Der Körper unterliegt den Vererbungsgesetzen und wird im Leben geführt und gepflegt durch die Entwicklung und Reifung des Erden-Ichs, mit dem wir alle versuchen, unsere Erdengeschicke beziehungsweise unsere Erdenaufgabe zu ergreifen.

Die menschliche Seele unterliegt dem Schicksalsgesetz. Da bestimmen Kräfte und Verhaltensweisen aus früheren Zeiten unsere heutigen Möglichkeiten und Beschränkungen. Unser Schicksal wird geleitet vom höheren Ich, das aber nicht ganz in unser Selenleben inkarniert, sondern mehr wie von oben Impulse und Sehnsüchte schickt, um in diesem Leben einen karmischen Ausgleich beziehungsweise Wiedergutmachungen für frühere Taten leisten und damit ein zukünftiges Karma vorbereiten zu können.

Unser geistiges Wesen unterliegt dem Gesetz der Reinkarnation. Es taucht ein in ein physisches Leben, nach dem es sich zwischen dem Tod und einer neuen Verkörperung in astralen und geistigen Sphären darauf vorbereitet hat beziehungsweise eine Leiblichkeit und ein biographisches Schicksal aufgebaut und ausgesucht hat.

Unser geistiges Wesen, unser innerster Kern ist unser wahres Ich, der göttliche Funke in uns, der mit dem Christus-Ich, mit dem göttlichen „Ich bin", eine Einheit bildet. Dieses wahre Ich ist als Keimatom in unserem Herzen einwohnend. Durch diesen göttlichen Funken in uns ist überhaupt erst eine Unio mystica, eine Wesenseinigung mit Gott in einem verklärten und erlösten zukünf-tigen Kosmos möglich.

Der Weg vom irdischen Ich, vom Erden-Ich zum höheren Ich, das als Entelechie, als sogenannte Monade alle Inkarnationen der Menschenseele lenkt und begleitet und von da zum göttlichen Funken, zum wahren Ich des Menschen, kann als Schulungsweg beschritten werden.

Dabei sucht der mystische Weg, der Herzensweg, den direkten Kontakt mit dem göttlichen Funken in sich selbst. Eine mystische Vereinigung kann sich ereignen, wenn alles Niedere hinter sich gelassen wird und man nur die Vereinigung mit dem wahren Ich, mit dem göttlichen Selbst in sich anstreben will. In diesem inneren Gottessein löst sich alles Personelle und Zeitliche auf, denn der göttliche Funke im Menschen entstammt der Ebene der Transzendenz, also den göttlichen Himmelreichen. Das Erden-Ich und auch das höhere Ich lösen sich dabei, wie der Tropfen im Meer, in dieser Transzendenz, in diesem „Nirvana", in diesem reinen Bewußtsein auf. Was bleibt ist reines göttliches Sein und Leben. In vorchristlicher Zeit war dieser mystische Schulungsweg durchaus angesagt, meist jedoch in einem von der Welt abgeschirmten Bereich, in Klöstern und Ashrams, da die Verlockungen und Verführungen des Irdischen diesem „Weltentsagungsweg" entgegenstehen. Er beginnt unten, beim leiblichen Menschen, der sich aber für das Höhere hinopfert, um nach oben, zu Gott, zum wahren Selbst beziehungsweise zum inneren, göttliche Licht gelangen zu können. Ein Meister Eckhardt, ein Johannes Tauler oder Jakob Böhme, wie auch viele östliche Heilige und Erleuchtete gingen diesen Weg, der alle Religionen in den verschiedensten Formen durchzieht.

Dieser mystische Weg hat sich durch die Christuswesenheit im Laufe der Zeit verwandelt. Der christliche Mystiker lebt in der Nachfolge Christi. Er geht auch in sein Inneres, er beginnt daraus zu handeln, aber in der Beziehung zur Welt. Der christlich-mystische Schulungsweg ist jahreszeitlich angelegt in der Passionszeit und zeigt sich vor allem in den Stufen der Karwoche beziehungsweise in den Stationen der Fußwaschung, der Geißelung, der Dornenkrönung, der Kreuztragung und Kreuzigung, der Höllenfahrt und schließlich der Auferstehung und Himmelfahrt.

Das Christliche geht also über eine Selbsterlösung hinaus. Ein Mittragen der Unvollkommenheiten und Abgründe der Welt, bis hin zur Höllenfahrt, dem Eintauchen in die inneren Schichten der Erde, um die ganze Erde mittragen, veredeln und erlösen zu können, ist von einem christlichen Mystiker verlangt. Dass dies nicht ganz einfach ist und heute nur von wenigen Menschen geschafft werden kann, ist sicherlich einleuchtend.

So hat sich im Mittelalter der sogenannte chymische Weg herausgebildet, wo zum Beispiel in der Alchymie nicht nur versucht wurde, an Mineralien und Metallen, also an der natürlichen Schöpfung zu arbeiten, um diese zu veredeln, sondern entsprechend auch an der menschlichen Seele. Dieser Weg beginnt im Stirnchakra, im Erkennen und will den ganzen Menschen und die Welt verwandeln, also geht er von oben nach unten und dann wieder nach oben, in dem das Niedere, das „Blei in Gold" verwandelt wird. Alles Niedere muss in den Schmelzofen der göttlichen Liebe eingetaucht und darin umgeschmolzen werden, um geläutert und verwandelt daraus hervorgehen zu können. Der irdische Leib des Menschen soll auf diesem Weg einmal zum „Auferstehungsleib" umgewandelt worden sein. Das wahre Ich soll im Menschen immer mehr zu Wirken beginnen und die niederen Hüllen allmählich verwandeln zu einem höheren Sein.

Alchymisten, Rosenkreuzer, der Bauhüttenimpuls der Freimaurer, die Gralsritter und Templer, alle schaffen am Ideal der Veredelung und Verklärung der Welt.

Der Rosenkreuzer-Weg beginnt im Studium und endet erst nach vielen Stufen und Prüfungen bei der Gotteseinigung, die der Mystiker als erstes anstreben will. Auf dem Rosenkreuzerweg, wie er für die heutige Zeit durch Rudolf Steiners Anthroposophie inauguriert wurde, wird versucht, den Mikrokosmos, den Geist im Menschen mit dem Geist im Makrokosmos zu verbinden.

Da wird nun manchmal behauptet, Steiner würde nur den Geistkosmos erforschen, in die mystischen und transzendenten Himmelreiche, in das Reich Gottes hätte er selbst keinen Einblick beziehungsweise würde er diese außer acht lassen. Sicherlich sind die Reiche der Himmel von den kosmischen Welten zu unterscheiden. Der rosenkreuzerische Weg beginnt im Irdischen und schafft sich Stufe um Stufe langsam höher, alle Seinsbereiche durchdringend, so wie dies dem chymischen Weg entspricht. Erst als letztes geschieht dabei die Gotteseinigung.

So sollte man auch bedenken, dass die geistige Individualität von Rudolf Steiner als Thomas von Aquin am Ende seines Lebens zu einer mystischen Gotteseinigung gelangt war, also auch den mystischen Weg gegangen war. Nun wollte er als Rudolf Steiner den Kosmos ergründen und für die menschliche Welt ergreifen und nutzbar machen, so wie dieser Weg durch Christian Rosenkreutz schon früher veranlagt worden ist.

Dieser chymische Weg hat ebenfalls eine lange Tradition beziehungsweise Vorgeschichte. Von Kain zu Hieram Abiff, dem Tempelbauer, zu Lazarus, dem reichen Jüngling bis zu Christian Rosenkreutz und St. Germain, dem Ausgestalter der gesellschaftlichen Prinzipien der Freiheit, Gleichheit und Brüderlichkeit beziehungsweise dem selbstbestimmten Erfassen und Ergänzen von Haupt, Herz und Wille im Menschen oder anders gesagt, dem ichhaften Lenken und Zusammenbringen des Denkens, Fühlens und Wollens, ist es ein weiter Weg, der aber die Umwandlung und Umgestaltung des Irdischen nach kosmischen Prinzipien zum Ziele hat.

Dazwischen, also zwischen Mystik und Alchymie, gibt es weitere Facetten geistiger Schulung. So wie der mystische Weg auf Gebet, Kontemplation, Demut und Hingabe beruht, so der chymische auf Studium, Erkenntnis und dem Entwickeln seelisch-geistiger Fähigkeiten durch Meditation und ähnlichem, so finden wir in den Individualitäten des Elias, des Täufers Johannes, des Raphael und des Novalis die Entwicklung und Ausgestaltung eines religiös-christlichen Weges, der die Kunst und die Magie mit einschließt, den sogenannten magischen Idealismus, der vor allem Herz und Haupt zusammenbringt.

Der platonische Weg erfasst die Welt der Ideen als das Ursprüngliche, daher ist er auch ein Innenweg, der innere Sinne entwickeln will, vor allem durch das Ausbilden der oberen und mittleren Chakren.

Der aristotelische Weg ist wissenschaftlich, geistig forschend, an eine Denkschulung, an die oberen Sinne und Chakren anschließend, wie auch bei anderen, ähnlichen gnostischen Erkenntnisbemühungen.

Der schamanisch-magische Weg beginnt bei den Naturprozessen auf der Astralebene, um Einblicke zu gewinnen in Schicksalsgesetze, um die Akasha lesen und um das Seelische steuern und wandeln zu können. Hier werden vor allem die unteren Chakren durch eine Willensschulung, wie auch im Yoga, angesprochen. Und schließlich kennt man noch die sogenannte Lebenseinweihung, wo durch biographische Krisen und Umbrüche das Seelische so aufgebrochen wird, damit Geistiges einstrahlen kann. Hier sind heute zum Beispiel durch die vielen Nahtodeserfahrungen vielfältige geistige Erlebnisse sichtbar, die über materialistische Weltanschauungen weit hinausreichen.

Welcher Weg nun der Richtige für einen ist, lässt sich aufgrund der individuellen Verschiedenheit nicht sagen.

Der Herzmensch, der Kopfmensch oder Willensmensch, er wird seine Vorlieben und Neigungen zu einem bestimmten Weg finden. Aber ob dies immer auch das Gesunde ist, muss erst noch gesehen und erkannt werden. Wo fehlt mir etwas? Nicht nur das gilt es zu suchen, wo man sowieso schon ein Plus hat. Eine Ganzheitlichkeit eines spirituellen Weges erfordert die Erkenntnis, die Liebe und die gute Tat. Daraus ergibt sich erst ein gesundes Einbringen in die Gesellschaft, zum Beispiel durch und in der Forschung, im sozialen Handeln und in der Arbeit an der Erde. Sicher, man kann in einem Leben nicht alles auf einmal bewerkstelligen und so muss man zwangsweise Prioritäten setzen. Manchmal sind daher auch Zeiten des Rückzuges und der Ruhe nötig, um sich sammeln und innerlich stärken zu können. Der Rückzug in das „stille Kämmerlein" sollte aber nicht auf Dauer sein. Der Kontakt und das Interesse an der Welt darf nicht verloren gehen. Die Welt, sie zeigt auf, wo wir innerlich stehen und sie korrigiert, wenn wir uns in Einseitigkeiten verrannt haben.

So ist es ein vordergründiges Erfordernis auf dem spirituellen Weg, auf den Mitmenschen, auf seine Biographie und dann auch auf seine Schwächen und Unvollkommenheiten mit Ehrfurcht hinzuschauen, denn in den einzelnen Biographien zeigen sich letztlich auch die Weisheiten der göttlichen Mächte, die alles so arrangieren, dass wir inkarnierten Menschen die besten Wachstums- und Entfaltungsmöglichkeiten haben.

Zwischen Weltflucht und Weltsucht gibt es eine Mitte, wie eben auch zwischen Himmel und Hölle, wo der Mensch auf der Erde, in einem Leib, die größtmögliche Chance hat, in Freiheit, in Selbstbestimmung und im Selbstbewusstsein zu wachsen, in dem er sich entschließt, von seinem kleinen Ich hinaufzusteigen zu seinem hohen und wahren Ich.

Der freie, sich selbstbestimmende und der liebende Mensch vermag dies, wenn er sich in selbstloser Weise dem Willen der Welt, dem Willen Gottes unterstellt.

So ist eine geistige Schulung immer auch eine Schulung des freien und selbstlosen Willens, der liebenden Hingabe und der erkennenden Weisheit. Damit wird letztlich auch eine Einheit des mystischen, gnostischen und magischen Weges beziehungsweise deren Schulung erreicht. Kopf, Herz und Hand, Geist, Seele und Körper, Himmel, Mensch und Erde kommen so zusammen.

Himmlische Macht

Die höchste Gottheit zu benennen, den Urgrund aller Welt zu erkennen, das ist für uns sterbliche Menschen noch nicht möglich. Der Vater, das Tao, das Nirvana, Brahman, der Weltenwille, es sind Annäherungen an den sogenannten Feuerhimmel, daraus alles Seiende und alle Schöpfung seinen Anfang nimmt, aber noch nicht als Schöpfungsakt, sondern als ruhendes Sein, als göttliche Potenz, als unnennbarer „Nachtbereich", aus dem Emanationen, Ausstrahlungen hervorgehen, die die erste Schöpfung, die erste Offenbarung des Göttlichen im sogenannten Kristallhimmel hervorbringen.

Dieser Kristallhimmel entspricht der göttlichen Sphäre des göttlichen Lebens und der Liebe, also der göttlichen Mutter, die im Verein mit dem göttlichen Willen, dem Vater, in einem nächsten Schöpfungsakt den Sohn gebiert. Christus ist somit das erste erschaffene göttliche Wesen, in dem sich die Gottheit als Logos selbst offenbart. Dem Kristallhimmel entstammt die Gottesmutter und der Logos.

Die im Sichtbaren entsprechende Sphäre zum Kristallhimmel ist das daraus herausgefallene, physisch-geistige Universum mit den unzähligen Galaxien, Milchstraßen und Sternenwelten. Es ist damit aber nicht gleichzusetzen, nur die Entsprechung von „Oben und Unten", oder mit anderen Worten ist unser Universum nur das vergängliche Gleichnis für die ewigen Sphären göttlichen Seins.

Die Gottesmutter überlässt den Kristallhimmel im weiteren Verlauf der Schöpfung dem Sohnesgott und geht eine Stufe tiefer, opfert sich in eine weitere Verdichtung beziehungsweise Gestaltung, in den sogenannten Lichthimmel hinein. Dieser ist eine Schöpfung aus dem Feuer, also dem Vaterwillen und dem Kristallhimmel, der Muttergottheit, in dem sich die Mutter, wie gesagt, in den Lichthimmel hineinverdichtet hat beziehungsweise diesen übergeistigen Sphärenhimmel als göttliches Urbild aller weiteren Schöpfungen erschaffen hat. Hier wird sie zum Heiligen Geist, zur göttlichen Weisheit oder Sophia. Eine sichtbare, gleichnishafte Entsprechung dieses Lichthimmels findet sich in unserem Tierkreis.

Das göttliche Licht scheint in die Finsternis und gestaltet so die Schöpfung aus den Elementen Wärme, Luft, Wasser und Erde, in dem das ursprüngliche Licht immer mehr verdichtet wird. Das ganze Universum ist somit eine sinnliche Entsprechung für die geistigen Urbilder aus dem Kristallhimmel, aus dem Logos, dem Schöpferwort, in dem das göttliche Leben und die Liebe urständet. Die Liebe ist es also, die die schaffende, sich opfernde und alles verbindende Kraft ausmacht, damit überhaupt eine Schöpfung geschehen kann. Der göttliche Vater und die göttliche Mutter, sie lieben und erschaffen den göttlichen Sohn: in Liebe. Diese Liebe ist der Urgrund allen Seins. Hier, in diesem Kristallhimmel, in der göttlichen Liebe und im göttlichen Leben gebiert die Gottesmutter das himmlische Kind. Dessen kosmische Entsprechung ist in der Zentralsonne im Universum zu finden.

Die kosmische Frau, die gebären will, durchzieht alle Ebenen, Sphären und Stufen bis hinab zu unserer Erde, in die feste, physische Form hinein, der gröbsten Verdichtung, so wie dies unter anderem in der Apokalypse des Johannes geschildert wird. Jedoch, darin erscheint auch der Himmelsdrache, der das Kind verschlingen will. Luzifer, der Gott des Eigenlichtes, der nur sich selbst erhöhen will, gönnt es dem Christus nicht, dass er das Universum leiten und wandeln soll. So vollziehen sich in der geistigen Schöpfungsgeschichte wie auch am Himmelsgeschehen Dramen von Geburten ganzer Sternenwelten oder das Verschwinden in schwarzen Löchern und dergleichen mehr, wie dies heutzutage durch die moderne Astrophysik sichtbar ist.

Die kosmische Frau wird in der Apokalypse dargestellt als weibliches Prinzip Gottes mit dem Mond unter den Füßen, der Sonne im Herzen und den Sternen über dem Haupt. Also umfasst sie den ganzen Kosmos, sie ist also weiter abgestiegen, sogar bis in unsere Erdenwelt hinein. Der Mond entspricht dabei der Seelenwelt beziehungsweise den Planetenkräften. Dieser Bereich entspricht in seiner spirituellen Dimension der göttlichen Isis. Isis, die einstige göttliche Weisheit, ist bis in astrale Sphären hinabgestiegen, wo sie den Menschen in den Mysterien zu Läuterung und Einweihung helfen konnte, bis sie in der Geistesgeschichte sich hinter einem „Schleier", in den astralen Tiefen des Jenseits verbarg. Dort wartet sie auf eine Auferstehung, die durch den göttlichen Sohn geschieht.

Die Sonne im Herzen deutet auf das göttliche Kind, auf den Christus hin, der auf der Erde beziehungsweise im Herzen geboren werden will. Demeter, Gäa und viele andere Namen für die mütterliche Gottheit weisen hin auf die Göttin der Erde, auf die Erdenmutter. In der Mutter Maria kam das göttliche Kind, kam die geistige Sonnenkraft zur Erde herab. Durch diese sonnenhafte Einwohnung kann die Erde in ferner Zukunft einmal selbst zu einer Sonne werden.

Und schließlich, in den Sternen über dem Haupt offenbart sich die Sophia, der Geistgott, der alles verbinden und mit göttlichem Licht durchstrahlen kann. In der Sophia, in der himmlischen Weisheit wird Isis befreit. Als Isis-Maria-Sophia erscheint die Weiblichkeit Gottes in der Apokalypse des Johannes. Sie umfasst das ganze Universum, Himmel, Erde und die jenseitigen, astralen Sphären.

Ja, das ganze Universum ist durchzogen und durchwirkt von himmlischen Wesen; es hat folglich auch eine geistige Seite, ist dadurch aber auch von Dämonen und gefallenen Engelreichen bevölkert, die den Kampf von Gut und Böse bewirken.

Der übergeistige Kosmos ist dagegen rein, das ist der Licht-, der Kristall- und der Feuerhimmel. Eine stufenweise Verdichtung geschah daraus, hin zu einem Geistkosmos, in dem sich die Himmelsdramen abspielen. Das sichtbare Universum ist im Laufe der Evolution durch das Wirken der Widersachermächte aus dem Geistkosmos herausgefallen beziehungsweise durch eine fortwährende Verdichtung des Geistigen stufenweise von der Ausstrahlung über die Offenbarung und die Gestaltung bis zur Form geronnen. Darin zeigen sich die Ebenen der Geisteswelten, der Seelenwelten, der Lebenswelten und zuletzt das physische Universum. Eine allmähliche Verdichtung geschah, bis das schaffende Prinzip zur Ruhe kam. Eine Neuerschaffung beziehungsweise eine Umkehr kann sich durch die Einwohnung des Logos, durch den Herabstieg des Christuswesens vom Kristallhimmel bis in das Menschen- und Erdenreich, zukünftig ereignen. Von der Form, vom Leib geht es über die Ätherkräfte zu einer erneuten Gestaltung der Welt aus dem sogenannten Buddhiplan, denn der Christus verbindet die Ätherkräfte wieder mit den himmlischen Lebenskräften aus den Sphären des Kristallhimmels. Im Lebensgeist der Sohnessphäre, des Logos, urständet das Leben, das keinen Tod mehr kennt.

Eine erneute Offenbarung aus den Himmelreichen, aus dem Lichthimmel kann geschehen durch den Heiligen Geist, dem Bringer des Manas, des Geistselbstes beziehungsweise dem wahren, göttlichen Ich im Menschen, durch Sophia. Und zuletzt wird der Mensch in fernen Zeiten die Ausstrahlung, die Emanation aus dem Reich des Vaters, aus dem Feuerhimmel erfahren und damit sein höchstes Glied, den Atman oder Geistesmenschen erhalten. Dahin will sich die ganze Schöpfung hin entwickeln.

Im Vatergott ist für uns zunächst alles unoffenbar, unnennbar, unaussprechbar, ist „Nacht". Im Sohn, in Christus ist alles offenbar, ist es „Tag" geworden. In Christus, der bis in den tiefsten Punkt der Schöpfung einwirkt, ist der Vater offenbar geworden. Der Mittler zwischen Mensch, Christus und dem Vater ist der Heilige Geist. Er spendet die Liebe und das göttliche Licht, die Weisheit Gottes, um allmählich alles erkennen und verstehen zu lernen.

Letztlich geht es ja um die Dreiheit von Vater, Sohn und Heiligem Geist, von Leben, Liebe und Licht, denn diese Einheit in der Dreiheit bringt erst eine Harmonisierung und Erlösung der Polaritäten unseres Lebens. Die Liebe als ursprüngliche himmlische Macht, das Licht der göttlichen Weisheit und die Kraft des ewigen Lebens, sie anzustreben, ist der Sinn und das Ziel echter Religion. Religion wird dadurch zur lebendigen Gotteserfahrung und nicht nur eine Lehre von irgendwelchen Gottesvorstellungen. Das sollten wir doch bedenken.

So sind Versuche einer Gottesvorstellung immer nur Stückwerke, doch die Liebe, das Licht und das ursprüngliche Leben, sie können erfahren werden, wenn vielleicht zunächst auch nur in recht bescheidenem Ausmaß.

Doch unser Kosmos, er hat ein Ziel. Heute ist unser Universum noch so aufgebaut, dass eine Zentralsonne die Mitte bildet. Die Erde und unser Sonnensystem befindet sich darin, astronomisch gesehen, an einem unbedeutenden äußeren Rand gelegen. Das ist der alte Kosmos, so wie er einst von den göttlichen Schöpfermächten geschaffen wurde. Durch den Sündenfall wurde der Mensch immer weiter aus dem Zentrum, aus der Geistesnähe vertrieben, hin zu unserem Planeten, der weit entfernt davon am Rand des Universums liegt, der aber dadurch die Möglichkeit zu einer freien Entfaltung des menschlichen Wesens liefert.

Der neue, zukünftige und erhöhte Kosmos zeigt ein anderes Bild. Da wird die Erde einmal zur Zentralsonne, zum Herzen, zum Mittelpunkt des ganzen Kosmos werden, nicht mehr physisch fest, sondern geistig lebendig mit den Himmelskräften vereint. Das ist das zukünftige Resultat der Wirkung des kosmischen Christus. Sein Herz und Geist im Menschenreich und in der Erde erschafft allmählich eine Sonne, eine Liebekraft, die die alte Schöpfung, den Kampf von Licht und Finsternis, überwinden wird und damit erlösen kann. Aus dieser Sohnesliebekraft wird eine neue Schöpfung erstehen, in der die Einheit von Form, Gestaltungskraft, Offenbarung und göttlichem Willen erreicht sein wird.

Bis es aber so weit gereichen kann, muss die Apokalypse, die Enthüllung göttlicher Kraft einem Kampf mit den Finsternismächten gleichen, der von Stufe zu Stufe immer höher, immer geistiger ausgetragen wird. Ringen wir mit den Mächten der Finsternis im Geiste, brauchen wir nicht auf seelischer oder leiblicher Ebene damit kämpfen. Ein Kämpfen gegen das Böse bringt sowieso nichts, denn das Böse ist immer stärker als wir selbst. Allein die Zuwendung hin zum Guten kann uns eine Hilfe sein, denn dagegen hat selbst das Böse keine Macht.

So braucht es zukünftig vor allem eine Kirche des Heiligen Geistes, eine Geistkirche, die nicht mehr von oben herab delegiert, sondern die jedem Einzelnen den Wahrheitsgehalt des Lebens erwecken kann, um selbst erkennen zu können, was ist förderlich, was ist gut und liebevoll oder was den Mächten und Kräften entspringt, die nur Tod und Verderben bringen können.

Eine Religion des Heiligen Geistes vermag es, die Wahrheit von der Lüge, das Gute vom Bösen zu unterscheiden. Dieser Geist ist in uns. Auf ihn dürfen wir bauen, ihm dürfen wir vertrauen. In ihm ist Leben, Licht und Liebe. Und ihn dürfen wir bitten:

„Komm heiliger, heilender Geist – tröste, führe und erlöse uns...
Amen, ja, so sei es"

Heilende Kraft

Die Lebenskraft, die nicht der Krankheit und dem Tod unterliegt, sie heilt den ganzen Menschen. Diese Kraft, sie wird geschöpft aus dem heiligen Gral. Doch was ist der Gral?

„Das sagt sich nicht…", so lesen wir bei Wolfram von Eschenbach in seinem Parzival. Jedenfalls sagt es sich nicht so einfach – man muss ihn suchen und man muss Prüfungen und Abirrungen meistern, um ihm allmählich immer näher kommen zu können beziehungsweise der Gral kommt uns entgegen, wenn wir uns ihm würdig erweisen, so wie dies Parzival erleben durfte.

Wir nähern uns dem Verständnis des Gral, wenn wir seine Symbole verstehen lernen. Dazu müssen wir uns ganz in sie hineinversetzen, meditativ, damit sie uns ihre Kräfte übermitteln. In meiner Schrift: Auf dem Weg zum Gral – sind dafür Grundlagen gelegt worden, in dem eine Beziehung der Chakren zu den Grals-Insignien aufgezeigt wurde. Hier nun vertiefe ich einen Ansatz, der die heilenden Kräfte beschreiben will.

Der Speer (im Tarot der Stab), er kann verwunden und er kann heilen: „Die Wunde schließt der Speer nur, der sie schuf".

Der Speer verweist auf die Feuerkraft, die im Wurzelchakra, im Inneren des Menschen schläft oder aber auf seine Willens-, Kampf- und Tatkräfte, die er nach Außen, gegenüber der Welt vertritt. Diese innere Feuerkraft kann die Wirbelsäule hoch, zum Geist hin gerichtet sein oder zum Streben nach äußerer physischer und geistiger Macht. Verwandelt und läutert sich die Speerkraft auf dem Innenweg, so kann sie heilend wirken.

Der Stein als Grals-Symbol beschreibt dann die nächste Stufe, das 2. Chakra. Die Beziehung zur Erde, zum Mineral, zur Materie und damit auch zum Geld (die Münze im Tarot), will ebenfalls geläutert und dadurch geheilt werden. Heute wissen wir zu gut, wie die Gier zur Erde, zum Sinnlichen hin, die vielfältigsten Probleme bereiten kann (der Fluch der Nibelungen).

Der Stein des Gral wurde aus der Krone (der Weisheit) Luzifers, des Lichtbringers, beim Kampf mit Michael herausgebrochen. Bei diesem „Stein" handelt es sich um die reine, die nichtgefallene Materie, die eigenes Leben in sich hat. Dies ist der Stein der Weisen, der Oben, den Geist und Unten, die Materie gleichermaßen in sich integriert hat. Luzifer wollte nur das Oben, er wollte die Weisheit nur für sich. Das Schwert Michaels, mit dem er beim

Kampf mit Luzifer, den Stein aus dessen Krone herausbrach, bewirkte das „Hinabfallen" der Prima Materia, der ursprünglichen Materie, auf die Erde hinab. Aus diesem lebentragenden Stein wurde der Legende nach der Kelch des Abendmahls hergestellt.

Bevor man sich dem Kelch des Lebens nähern darf, muss man am Schwert (3. Chakra) vorbei. Das Schwert symbolisiert die Kräfte des Seelischen, der Luft. Luft ist das gefallene Licht. Ein Lichtschwert dürfen wir folglich in uns ausbilden. Mit diesem können wir alles Unreine erkennen und es in Schach halten. Eine Entscheidung ist verlangt.

Äußerer Kampf (Rechtsstreitigkeiten, Beziehungszerwürfnisse, Machtgebaren etc.) oder seelische Arbeit an den eigenen Doppelgängerkräften durch Erkenntnis und Geistesmut, wir geben die Richtung selbst vor.

Das Höhere ersteht aus dem verwandelten Niederen. Triebe, Leidenschaften und Begehrungen dürfen sich allmählich mit edleren Kräften und Gefilden durchsetzen und damit erhöht sein. Daraus bildet sich die Schale, der Kelch, das Gefäß des Gral im Innern.

In alten Kulturen war der Kessel oder Kelch ein Symbol für die lebentragenden und erhaltenden Kräfte des Weiblichen. Das Weibliche empfängt. Es ist damit Spenderin des Lebendigen für die Welt. Das Herz (4. Chakra) will offen sein, wie der Kelch, damit das Wasser des Lebens einfließen kann.

Natürlich können wir uns am Kelch auch nur berauschen, nur nehmen.

Das erst ist das Entscheidende, dass wir diesen Kelch weiterreichen. Der Gral darf niemals selbstsüchtig, nur zum persönlichen Gebrauch verwendet werden - und damit auch nicht die Kräfte des Heils und der Genesung. Neues Leben will daraus erstehen. Der Gral ist ein Quell, mit dessen Kraft das ganze Land gespeist werden kann.

In früheren Grallegenden ging es meistens um die Gesundung und Heilung eines Landes, was vor allem davon abhing, ob der rechtmäßige und gute Herrscher das Volk führen konnte und ob die Hüterin des Landes geehrt und beschützt wurde. Diese war meist eine weibliche Gottheit beziehungsweise eine Fee oder Naturwesenheit, die an Quellen oder Brunnen verehrt wurde.

Mit dem Anti-Gral, dem falschen Führer, den Mächten des Klingsors, den dunklen Kräften, verwüstet das Land. Das kann bis heute im Weltgeschehen immer noch beobachtet werden. Wo der Gral sein kann, gedeihen die guten, edlen und reinen Kräfte. Daraus ersteht das Heil

Doch wer zum Gral berufen ist, der wird von ihm selbst erkoren. Im Gral erscheint sein Name und damit der Auftrag für sein Tun, was dem fünften Chakra entspricht. Der Gral ersteht im Innern, wenn wir in unserem Herzen, wenn wir aus unserem Herzen einen Kelch, eine Schale bilden, in die sich der Name (5. Chakra – höherer Wille), die Taube (6. Chakra – die himmlische Weisheit) und das Blut Christi (7. Chakra – die Liebe Gottes) ergießen können. Dadurch erst kann Oben und Unten, das Himmlische mit dem Irdischen verbunden sein.

Ein Gralsweg ist folglich ein Weg, den jeder in sich selbst suchen und finden kann. Die Elemente Feuer, Erde, Luft und Wasser (1. bis 4. Chakra), dazu die ätherischen Lebenskräfte, sowie die Weisheit der Seele und die göttliche Liebe im Menschen, die immer wirken kann, wenn wir bereit sind, diese Liebe einem Schwächeren, Kranken oder Notleidenden durch Mitleid hinzuschenken. Die Liebe, sie wächst, wenn wir sie verschenken. Nicht im Nehmen oder Habenwollen, der Sehnsucht nach der Liebe ist Erlösung, sondern nur im Geben ist das Glück.

In ähnlicher Weise ist auch die Weisheit, wenn sie losgelöst ist von der kosmischen Ordnung, selbstisch und damit nicht gesund. Auch der Name, das allzu persönliche Eigensein, lässt im Eigenwillen das Krankmachende vermehren. Erst in der Hingabe an den göttlichen Willen, an den Namen Gottes ersteht das Heil in uns.

Jeder Mensch hat nicht nur seinen irdischen Namen, den uns die Eltern mitgeben. Der geistige Name verrät etwas von der Aufgabe, die in diesem enthalten ist. Nicht umsonst beten wir im „Vater unser" mit der ersten Anrufung das: Geheiligt werde dein Name. Überhaupt sind im „Vater unser" Gebet, das uns der Christus gab, auch die Stationen und Stufen des Gralsweges mit enthalten. Das Gebet, es stärkt uns also auf dem Innenweg. Der Name Parzival bedeutet: Mittenhindurch. Ja, in unserer Zeit der Bewusstseinsseele müssen wir das Dunkle wie das Lichte kennenlernen, um mittenhindurch, frei und gestärkt daraus hervorgehen zu können.

Kosmisch gesehen ist die Erde der Kelch, der Name, der Auftrag ist in der Sonne beziehungsweise es ist die geistige Sonne innerhalb der Mondsichel, also bei zunehmendem Mond zu sehen, darauf der Name Parzival erscheint - mittenhindurch oder auch - durch das Tal (Perceval).

Die Taube, die über dem Gral erscheint, symbolisiert die Weisheit des Tierkreises und das rosenfarbene, reine Blut des Gekreuzigten, das im Abendmahlskelch von Joseph von Arimathia aufgefangen wurde, verweist in die Sphären der göttlichen Liebe. Der Gral beinhaltet alle Welten, von den Elementen der Natur, entsprechend den Erdenwelten und den Seelenreichen, sowie die Ätherkräfte des väterlich-mütterlichen Seins, also den göttlichen Lebensstrom bis hin zu den kosmischen Geistesreichen und weiter in die übergeistigen, himmlischen Gefilde hinein. Dort ist der Quell. Dieser will sich in die Erde, in den Kelch ergießen.

Mit Christus ist der Gral irdisch geworden. Seither verteilt sich das himmlische Blut, die himmlische Liebe seinserweiternd im Erdensein. Alle Elemente sind davon durchdrungen.

Jedoch, auch die Kräfte des Anti-Gral, die Ehrsucht, die Habsucht und die Machtsucht, machen sich breit. Diese gilt es zu bezwingen. Nur ein starkes Ich, ein durchsonntes und durchgeistigtes Ich vermag diesen Mächten standzuhalten. In den „Ich bin"-Worten des Christus sind die Kräfte, die dem menschlichen Ich eine neue und heilsame Fülle schenken, enthalten. Für eine tiefergehende Beschäftigung mit diesen Kräften des „Ich bin" muss ich hier wiederum auf frühere Schriften von mir verweisen beziehungsweise auf das folgende Kapitel.

Ichhaft ersteht der Gral in uns, selbstbestimmt, in Freiheit gewollt und in Liebe gesucht, wird er sich offenbaren – der neue Lebensbrunnen. Die Erde braucht diese neuen Kräfte, auch wir Menschen, die Natur, ja, selbst das soziale Leben. Denn das alte, natürliche Leben, die alte Erde schafft es nicht mehr allein, den Abgrundkräften genügend Heilsames entgegen setzen zu können. Zu viele Angriffe durch Technik, Ausbeutung und Zerstörung machen sich breit. Dies hat nicht nur Auswirkungen auf die natürliche Erde, der Mensch selbst und alles Leben gerät in Mitleidenschaft. Allein können wir das alles gar nicht mehr lösen. Ohne neue, wiederbelebende Kräfte müssten die Todeskräfte Überhand nehmen. Christus ist das neue Leben. Er hat die Todeskräfte überwunden. Er speist den Kelch des Grals mit seinem Blut, seinem Leben, seiner Kraft und seinem Heil.

Heilung des Ich

Wenn man das menschliche Ich begreifen will, lässt sich dies anfänglich nur realisieren, wenn man die Ich-Reifung als einen Entwicklungsweg versteht und dies menschheitlich gesehen, wie auch im persönlichen Lebensweg.

Von einer menschheitlichen Ich-Entwicklung kann man eigentlich erst seit der ägyptisch-chaldäischen Zeit sprechen, denn zuvor war das Ich noch nicht bewusst im Seelischen des Menschen einwohnend. Daher konnte sich der Einzelne noch nicht so stark als selbstbewusste und eigenständige Persönlichkeit erleben. Der Einzelne erlebte sich in früherer Zeit noch eher als Teil des Ganzen, des Stammes, der Sippe, der Familie oder des Volkes.

Ähnlich ist dies in der frühkindlichen Entwicklung. Mit circa 3 Jahren erwacht der Eigenwille, das „Ich will" und damit eine erste eigenständige Seelenentwicklung. Doch dieser Ich-Weg nimmt hier nur seinen Anfang, so wie ich dies im Folgenden etwas schematisch aufzeigen will.

Die leibliche Grundlage für das Einwirken des Ich bildet im Menschen die sogenannte Ich-Organisation, die ihren Ausdruck im Blut, im Atemrhythmus und in der Aufrichtekraft der Wirbelsäule findet. Der Eisengehalt im Blut ermöglicht dabei die Grundlage zum Ergreifen eines Eigenwillens, was der Marskraft im Kosmos entspricht. Die Wirbelsäule untersteht planetarisch gesehen den Sonnenkräften. Mit ihnen findet der Mensch seine Aufrichte und sein Eigensein. Der Rhythmus im Atem und im Blut wird belebt von den Lebenskräften der Sonne.

Eine weitere Ebene der menschlichen Reifung und Entwicklung ist uns, astrologisch gesehen, im Aszendenten vorgegeben. Er ist Ausdruck für die Person, für die geprägte Persönlichkeit, die durch Umwelt, Erziehung und Vererbung im Laufe der kindlichen Entwicklung entsteht. Die Persona ist die „Maske", das heißt, sie stellt das Äußere des Menschen dar, durch die das innere Wesen, das Ich, der Kern des Menschen durchscheinen will. Das Geprägte, die Form, sie findet ihren Abdruck im Ätherleib des Menschen. So ist die Persona vor allem geprägt durch Temperament, Charakter, Gewohnheiten und Mustern, die sie teilweise auch aus früheren Leben mitbringt.

Im seelischen Erleben bildet sich das „Leib-Seelen-Ich" beziehungsweise das Erden-Ich, das gefallene Mars-Ich oder Ego, das „Ich will" aus. Dieses macht sich schon in der frühkindlichen

45

Entwicklung in den sogenannten Trotzphasen bemerkbar oder in Zeiten der Eroberungen und Kriegen auf der zeitgeschichtlichen Ebene, wie dies bei den Griechen und Römern zutage trat.

Auf der eigentlichen Ich-Ebene findet sich, erst mit circa 21 Jahren, das Sonnen-Ich, das „Ich bin", das Zentrum des Menschen, auf dem der Freiheitsimpuls und das Selbstbewusstsein gründet. Ohne die Mitte, ohne Ich-Kern, ohne eine wirkliche Selbstfindung bliebe der Mensch ein Spielball zwischen den leiblich-seelischen Begehrungen und den Sitten- und Moralgesetzen der gesellschaftlichen Normen.

Das Sonnen-Ich hat sich dann mit zunehmendem Alter beziehungsweise in der weiteren Entwicklung, in der es sich immer mehr selbst finden und bejahen lernt, immer öfters zu entscheiden. Gehe ich den Weg ins Irdische, ins Selbstische, in den Egoismus hinein, wodurch es sich mit der Zeit immer stärker in der Ehrsucht, in der Habsucht und in der Machtsucht verlieren muss. Oder es wählt in Freiheit den Weg zum Selbst, mit dem es sich zum höheren Ich vereinen kann, wenn es lernt, dessen Impulse aufzunehmen und im Leben anzuwenden.

Der Habsucht können wir durch eine mäßigende Bescheidenheit, im Mittelalter mit dem mönchischen Gelübde der Armut benannt, begegnen. Das heißt natürlich nicht, wir sollten materielle Armut anstreben wollen. Eine Armut, eine bittende Haltung gegenüber dem Höheren, dem Geistigen ist verlangt, nicht aber eine Askese und Kasteiung in irdischen Dingen. Hier braucht es das rechte und gesunde Maß. Die Machtsucht wird durch einen Gehorsam gegenüber dem göttlichen Willen erlöst und die Ruhmsucht durch eine Keuschheit, das heißt, durch eine Reinheit des Herzens, die sich niemals selbst auf einen „Thron" setzen will. Wir dürfen in diesen „Süchten" auch die Versuchungen erkennen, die Christus in der vierzigtägigen Wüstenzeit zu bestehen hatte. Christus hatte sie durchschaut und konnte so in freier und ichhafter Entscheidung den weiteren Weg der Erlösung und Heilung des ganzen Menschen beschreiten.

Das Sonnen-Ich, das freie menschliche Ich, das „Ich bin", ist im Prinzip zweifacher Natur. Es muss lernen, sich hinzugeben, sich opfern zu können, indem es fähig wird, sich selbst zurückzunehmen, um achtsam und lauschend in der Stille die Impulse aus dem höheren Ich empfangen zu können. Und es muss auf der anderen Seite konzentriert, aktiv und kreativ sein, um die empfangenen Impulse auch gestaltend im Irdischen verwirklichen zu können. Heute wird meist diese männliche, aktive Yang-Seite des Ich forciert, wie überhaupt unser gesamtes gesellschaftliches Leben der Dominanz des Männlichen unterliegt.

Um eine fortschreitende Ich-Entwicklung und Reifung weiter einschlagen zu können, müssen wir noch eine weitere Ebene kennenlernen, die uns auch seelisch mit den höheren Wachstumspotentialen, mit dem höheren Ich, mit dem Selbst verbinden kann. Diese Ebene ist zunächst recht unbewusst im Menschen vorhanden und zwar in der Mondenqualität, wie sie in einem Geburtshoroskop ersichtlich wird. Wir waren ja zumeist auch schon in einem früheren Leben mit einem Ich begabt, zwar nicht mit dem gleichen wie im jetzigen Leben, doch diese frühere Ichkraft wirkt nach als Wärmequalität im Seelischen. Zum Beispiel erfahren wir diese Qualität als Kraft der Begeisterung für das Geistige oder nur als unbewusste, innere seelische Wärme, mit der wir durch das Leben gehen und die die Grundlage zur Entwicklung einer Liebefähigkeit heranbildet, die nun ichhaft gewollt und damit neu ergriffen werden kann.

Sodann kennt jeder in einer nächsten Ebene der Ich-Reifung die Sehnsucht beziehungsweise den Antrieb zum Verwirklichen seiner persönlichen Lebensaufgabe, seiner Berufung. Im Medium Coeli, in der horoskopischen Himmelsmitte, wird die Aufgabe und der Sinn für das gegenwärtige Leben gefunden, dessen Impulse aus dem höheren Ich entströmen.

Das Selbst oder höhere Ich überschwebt den Menschen. Es kommt ihm von Außen durch das Schicksal entgegen, also aus dem Umkreis. Es ist die Entelechie nach Goethe, die Monade nach Leibniz, eben die geistige Individualität, unser eigentliches Wesen. Es ist das hohe Ich, das alle Inkarnationen überschaut und leitet. Es bildet die Summe der Erfahrungen und Fähigkeiten, die wir uns in den verschiedenen Erdenleben aneignen und es ist zudem mit unserem Engel verbunden, der wiederum die Verbindung mit dem göttlichen Ursprung aufrecht erhalten kann.

Und schließlich hat das wahre Ich, das Keimatom im menschlichen Herzen, sein göttliches Urbild in sich selbst. Das Gottes-Ich, das Ebenbild Gottes im Menschen, der göttliche Funke, er will im Menschen erwachen und zur Flamme werden, damit alle Hüllen, der Leib, die Seele und das irdische Ich dereinst so verwandelt werden, dass ein neuer Mensch, das „Gleichnis Gottes" im Menschen erstehen wird. Das Ich bin und das Selbst, sie bilden im höheren Ich den Weg zu diesem Gottes-Ich.

47

Das „Ich bin" ist der Punkt, das Selbst, die Entelechie ist der Umkreis und das wahre Ich ist die göttliche Substanz, die Zentrum und Umkreis so verbinden kann, dass daraus eine Einheit entsteht.

Punkt und Umkreis sind das Symbol für die Sonne. Im höheren Ich zeigt der Mensch eine Sonnenkraft, das im Horoskop als Zentrum, als Horoskopmitte sowie im Tierkreis, im Sternenhimmel, als Umkreis zur Erscheinung tritt. Dieses höhere Ich ist das Gleichnis Gottes – es soll einmal göttlich sein. Hier sind wir Söhne und Töchter Gottes. Das Ebenbild und das Gleichnis, das göttliche Ich und das höhere Ich, die göttliche Welt und die kosmische Sternenwelt, sie sollen sich einmal im Menschen durchdringen.

Zuerst ersteht daraus im weiteren Verlauf einer zukünftigen Menschheitsentwicklung oder durch einen Schulungsweg forciert, das Manas-Geistselbst-Prinzip, dann das Buddhi-Lebensgeist-Prinzip und zuletzt das Atman-Geistesmensch-Prinzip, wo höheres Ich, Gottes-Ich und physischer Leib beziehungsweise alle drei Hüllen vom Göttlichen aufgenommen und zu einem Geistwesen, zum Gleichnis Gottes herangereift sein werden.

Das Niedere, die Hüllen müssen dabei nicht bekämpft oder unterdrückt werden. Durch die Zuwendung des irdischen Ich zu den höheren Gliedern des Menschen, können diese in ihn einwirken und mit der Zeit alles verwandeln. Dadurch löst sich die Seele selbst von zahlreichen Verstrickungen und Leidenschaften, wird so zufrieden und frei und damit immer mehr bereit, dem Hohen, Schönen und Wahren dienen zu wollen.

Die menschliche Seele, der Astralleib, soll vom Ich aus so geläutert werden, dass sich darin das Gottes-Ich, der göttliche Funke einleben und mit der Zeit zur inneren Flamme wachsen kann. Dann beginnt das Geistselbst, das Manas im Verein mit dem Heiligen Geist im Menschen zu erwachen. Eine neue Bewusstseinsqualität ist damit verbunden. Ein geistiges Schauen erwacht, da die Chakren vom höheren Ich beziehungsweise von dieser Flamme gereinigt und entwickelt werden. Jedoch, das Mitwirken des Erden-Ichs und der Persönlichkeit, alles, der ganze Mensch muss sich entwickeln wollen, muss Seelenkräfte ausbilden, zum Beispiel durch die Übungen des achtgliedrigen Pfades, durch die sogenannten Nebenübungen, durch geistiges Studium und durch rechte Meditation.

Doch die Entwicklung hin zum Geistselbst, zum Manasbewußtsein, geht nicht ohne Schwellenerfahrungen, also der Konfrontation mit dem Hüter der Schwelle und damit auch einer notwendigen Erkraftung des Seelenlebens im Denken, Fühlen und Wollen.

In noch späterer Zeit beziehungsweise mit wachsender seelisch-geistiger Reife, wird der Ätherleib vom Gottes-Ich im Verein mit der Christuswesenheit zum Buddhi oder Lebensgeist umgestaltet. Letztlich ist das Gottes-Ich im Innern also dreifach als Keim in jedem Menschen enthalten. Der dritte Aspekt des göttlichen Funkens wird dann in noch späterer Zeit den physischen Leib so durchdringen, dass der Atman-Aspekt, der väterliche Wille sich bis in den ganzen Leib ergießt und diesen so ergreift und wandelt, bis der Auferstehungsleib zur Wirklichkeit für den Menschen geworden ist. Das ist sicherlich ein sehr fernes Ziel. Doch so weit kann die Ich-Entwicklung gehen.

Wenn wir dieses Ziel vielleicht auch erst nach vielen Inkarnationen erreichen werden, ist das Wissen darum aber auch für uns heutige, normal sterbliche Menschen von großem Vorteil. Denn dieses Wissen schenkt dem Erden-Ich Zuversicht, Vertrauen und innere Stärke, um auch in heutiger Zeit immer noch den rechten Weg finden zu können, da es ja doch sehr viele Abirrungsmöglichkeiten und Versuchungen für das freie und sich selbst bestimmen wollende Ich gibt, im Irdischen wie im Spirituellen. Und schließlich gilt ja auch der Satz: „Wer vom Ziel nicht weiß, kann den Weg nicht finden".

Zu leicht versinkt das schwache Ich in irdischen Verstrickungen und wird letztlich den Fängen finsterer Mächte ausgeliefert sein, den sogenannten ahrimanischen Kräften und Wesen, die den Menschen an das nur Irdische fesseln wollen, zum Beispiel im Materialismus, Kapitalismus, in der Geldabhängigkeit, in der Sinnessucht etc.. Auf der anderen Seite ziehen luziferische Geister das Ich ab, wollen den irdischen, sich selbst bestimmenden, freien und mündigen Bürger und Welt-Mitgestalter gar nicht fördern. Nur im erhabenen Geiste soll die Seele schwelgen. Zwischen diesen Polen hat sich das Ich zu behaupten und zu stärken. Da kann ihm manchmal nur noch der Christus beistehen, der Menschheitsrepräsentant, das Menschheits- beziehungsweise das Welten-Ich, in dem alle irdischen Sonnen-Ich Impulse, aber auch das höhere Selbst und das Gottes-Ich seine Wurzel und seine Heimat haben.

In Christus ist die Heilung und Förderung des menschlichen Ich vorgegeben. Darum darf ein freies Ich, das sich selbst Führung und Liebe schenkt, sich mit dem Welten-Ich vereinen, damit die göttliche Liebe, das Christuslicht und das göttliche Leben im Menschen zu wirken beginnen können. Der Christus führt, stützt, trägt, belebt, erleuchtet, heilt und liebt unser inneres Wesen, unser Ich. Darauf können wir bauen, dies ist unsere Hoffnung, unser Heil.

Die Menschheit soll einmal eine neue Hierarchie in den geistig-irdischen Welten, in der neuen Schöpfung, heranbilden; wir sollen alle zu Söhnen und Töchtern Gottes heranreifen. Ja, selbst die Götter werden wir überragen, da diese neue Hierarchie aus der Freiheit und Liebe herausgebildet wird. Somit besitzt die zukünftige Menschheit etwas, was die Engelreiche so noch nicht errungen haben. Die selbstständige, mündige, sich selbst bestimmende Freiheits- und Liebekraft bildet und schafft die Grundlage für diese neue Hierarchie, die wir aber nur dadurch wirklich erringen können, weil der göttliche Keim, weil der Gottesfunke als schöpferische Potenz in uns allen einwohnend ist. In diesem Sinne ist das menschliche Ich und die Akzeptanz und die Bejahung dieses Ichs durch den Christus die Garantie für ein Entwickeln und Erweitern der menschlichen Fähigkeiten, hin zu einem Sein, in dem sich Ich, Selbst und Gottes-Ich zu einem göttlich-geistigen Wesen vereinen, das zukünftig dem Ebenbild Gottes und dem Gleichnis Gottes entsprechen wird. Im göttlichen Ich sind wir schon nach Gottes Ebenbild erschaffen; im menschlichen Ich werden wir dereinst dem Göttlichen gleichen, ihm Gleichnis sein.

Also geht es bei diesem christlichen Ich-Einweihungsweg nicht um ein Auslöschen des Ich, dem Aufgehen alles Persönlichen im Meer des Nirvana, so wie der Tropfen Wasser im Meer vergeht, wie dies östliche und auch manche westliche Mystiker anstreben. Der Ich-Weg macht uns zu Göttern, die als Söhne und Töchter Gottes diesem von Angesicht zu Angesicht begegnen werden. Dies ist christliche Verheißung, dies ist unser christlicher Schöpfungsauftrag, da wir auf diesem Wege die gesamte Schöpfung miterlösen. Dies ist unsere Mission, unser Auftrag. Sich im Meer des göttliche Ursprungs verlieren zu wollen, lehnt diesen Auftrag letztlich ab.

Dass dies kein kurzer und leichter Weg sein wird, dürfte sicher für jeden einsehbar sein. Der Weg ist weit, die Kraft ist da – im Ich, im Licht, im „Ich bin" der Christuswesenheit. Die Nachfolge Christi bedeutet in diesem Zusammenhang, den Willen des Vaters zu ergründen und so nachzuleben, wie der Christus Jesus diesen väterlichen Weltenwillen verwirklicht hat.

Der Wille des Vater ist es, dass der Mensch vom Geschöpf zum Schöpfer erwacht und durch sein Ich und durch die Bereitschaft dieses Ichs, im Verein mit den göttlichen Mächten, an einer Schöpfung mit zu arbeiten, die alles Niedere, Abgründige und Böse so transformiert, dass die neue Schöpfung eine Welt der Harmonien, eine Welt des Friedens und der allwaltenden Liebe werden kann. Auf diesem Weg dürfen wir mithelfen, auch die dunklen Bereiche und Abgründe durchlichten zu wollen und sie dadurch miterlösen zu können.

Himmel, Erde und Unterwelt, sie werden dereinst erlöst und verbunden sein, nicht durch Kampf, Zwang und Druck, sondern dadurch, dass sich der Mensch selber immer mehr veredelt, dass er sich durchlichten, durchlieben und durchleben lässt von den Himmelswelten und diese immer mehr ins Irdische und in die untersinnlichen Welten ausstrahlen lässt. Der Mensch wird so zum Heiler für die Welt – ichhaft, vergöttlicht und frei.

Alchimie der Seele

In früheren Zeiten versuchten die Alchimisten unedle Metalle wie Blei, Silber oder Quecksilber in reines Gold zu verwandeln. Dies entspricht einer Veredelung, die aber im Physischen nur geschehen konnte und kann, wenn sie entsprechend zuvor auf seelischer und geistiger Ebene erfolgte. Durch Veredelung beziehungsweise dem Überwinden, Läutern und Reinigen wird das Unreine vom Reinen geschieden und allmählich verwandelt und erhöht. In der menschlichen Seele soll dann auch die Überwindung des Eigenwillens beziehungsweise des Begehrens nach egoistischer Befriedigung vollzogen werden.

Daraus lässt sich auf diesem alchimistischen Weg nach langem Üben und vielen Stufen und Prüfungen der sogenannte „Stein der Weisen" gewinnen. Dieser symbolisiert die Prima Materia, die ursprüngliche Ursubstanz des Materiellen, die vergeistigte Materie, die in jeder physischen Materie als geistige Essenz enthalten ist.

Doch wie finden wir diesen Stein?

Ein Ausspruch des Christus aus der Apokalypse des Johannes kann ein Licht auf dieses Geschehen werfen.

„Wer überwindet, dem will ich zu essen geben vom verborgenen Manna und will ihm geben einen weißen Stein und auf dem Stein einen neuen Namen geschrieben, den niemand kennt, denn der ihn empfängt." (Apok. 2)

Wieder ist es die Überwindung, die zu solch einer Aussage und Verheißung führt. Aber was sollen wir überwinden?

Ja, uns selbst mit unseren kleinlichen Begrenzungen und Egoismen. Ein Höheres soll an die Stelle treten können. Dann erhalten wir vom verborgenen Manna. Das Manna ist die Speise vom Baum des Lebens, die uns durch den Sündenfall abhanden gekommen ist. Es sind darin enthalten die ätherischen Kräfte der Lebens- und Klangätherwelt des Paradieses, aber nun in durchchristeter Form, was wir in der okkulten Terminologie als das Buddhi-Prinzip bezeichnet finden. Dieses Buddhi-Geist-Prinzip werden wir Menschen in individualisierter Form in uns tragen können, wenn wir unsere Lebenswelt, unsere biologischen und vitalen Energien nicht länger in egoistischen Bestrebungen ausbeuten und verunreinigen. Ein Miteinander mit der Natur in der Welt und in uns, ein Heiligen des Lebens, kann dazu führen, dass das geistige Leben, die Sphärenharmonien der kosmischen Ordnungen, wieder in uns Wohnung nehmen können.

Der lebendige, weiße Stein beziehungsweise der Stein der Weisen ist die „physische" Geistleiblichkeit in durchchristeter Form. Jede physische Leiblichkeit besitzt eine geistige Matrix beziehungsweise ein Geistgebilde, das dem Physischen die innere Struktur und Kraft verleiht.

Diese Geistleiblichkeit gilt es zu entdecken. Sie ist die Grundlage für den Auferstehungsleib des Christus, also auch für das Atman-Prinzip im Kosmos, das in ferner Zukunft dem Menschen eigen sein wird, wenn er die Materie nicht länger vergewaltigt und missbraucht, wie dies heute zum Beispiel in der Atomtechnologie geschieht. Die Materie beziehungsweise der physische Körper trägt uns auf der Erde, soll aber in Zukunft immer mehr von den Kräften des Schweren, Festen und Trägen, die den heutigen Leib durchziehen, befreit werden.

Der Name auf dem Stein deutet auf das wahre Wesen des Menschen hin, auf sein höheres Ich beziehungsweise auf das Manas- oder Geistselbstprinzip. Das höhere Ich oder Selbst wird im Menschen individualisiert sein können, weil es sich mit dem menschlichen Ich und der Persönlichkeit verbinden will, wenn diese sich dem höheren Leben hingeben gelernt haben, quasi eine Schale bilden für das geistige Selbst und das göttliche Ich.

Der Name, der im Stein eingeschrieben ist, besagt nun, dass das höhere Wesen und der Geistleib eine Einheit bilden – der Geistesmensch ist erstanden – letztlich ist dies das Ziel der Menschheitsentwicklung und der Schöpfung. Doch lang und weit ist der Weg zu diesem Ziel. Wo können wir da als heutige noch sehr materialistisch geprägte Zeitgenossen beginnen?

Ein Verwandeln und Überwinden des nur irdisch ausgerichteten Menschen geschieht durch eine Hereinnahme höherer Ideale, Ziele und Tugenden, wie zum Beispiel die der Reinheit, Demut und Selbstlosigkeit. Insgesamt sind es die zwölf Tugenden der geistigen Ritterschaft, die die Tore und das Fundament einer neuen Welt ausmachen. Im Mittelalter wurden diese Tugenden folgendermaßen benannt:

- Die reine Zucht, die Keuschheit, die Milde, die Treue, die Mäßigkeit, die Sorgfalt, die Scham, die Bescheidenheit, die Beständigkeit, die Demut, die Geduld und die Minne beziehungsweise die Liebe selbst.

Diese mehr weiblich geprägten Tugenden und Perlen für das
Neue Jerusalem können den sieben Todsünden des Mittelalters,
aber natürlich auch denen der heutigen Zeit entgegenwirken.
Diese sieben Todsünden nannte man:
- den Neid und die Eifersucht – die Gier beziehungsweise die
Habsucht und die Vergnügungssucht – den Geiz – den Hochmut –
die Falschheit und die Lüge – den Zorn und die Zerstörungswut –
die Oberflächlichkeit und Zerstreuungssucht.
Diese Unvollkommenheiten und negativen Kräfte in der menschlichen Seele können aber noch erweitert werden, so dass wir auch
hier auf eine Zwölfheit kommen.
Da wäre dann als Gegenbild der Liebe oder Minne, der Hass zu
nennen. Des weiteren unsere Eigenschaft zu Verleumden und zu
Denunzieren beziehungsweise den Anderen schlecht machen zu
wollen. Das Streben nach Macht auf Kosten von Anderen, die dann
unterdrückt werden, wie dies in vielen staatlichen und religiösen
Gebilden zu sehen ist, wäre genauso zu nennen, wie die
Verblendung und das sich Verlieren in Hirngespinsten, im Rausch
und dergleichen mehr. Zuletzt wäre dann noch die Gleichgültig-
keit zu erwähnen, womit wir uns natürlich aus einem sozialen
Zusammenhang herausstehlen.
Diese schlechten Eigenschaften sollen nach und nach in die
Tugenden des Guten und Schönen verwandelt werden, wenn wir
uns in freier Entscheidung zu diesen Tugenden bekennen.
Durch die Arbeit des Ich an der Seele soll diese geläutert und
geheilt werden. Dabei müssen die planetarischen Ebenen vom
Mond bis zum Saturn durchlaufen werden. Diese entsprechen im
Negativen den Untugenden, also von der Völlerei bis hin zum
Geiz.
Dabei muss beachtet werden, dass man nicht die Untugend der
Tugend polar gegenüberstellt. Denn die Tugend bildet sich erst in
der Mitte von zwei Untugenden, die sich entwickeln, wenn von
der Mitte auf der einen Seite zu einem Mangel, auf der anderen
Seite in einem Übermaß abgewichen wird. Als Beispiel sei hierfür
die Bescheidenheit genannt, die in die Extreme Geiz oder
Verschwendungssucht abweichen kann.
Die Mitte findet das Ich, das sich mit dem Höheren verbinden
kann. Da finden wir erst wirklich die kreativen Kräfte der
Selbstachtung, der inneren Stärke, der Bewunderung und
Begeisterung, den Lebensmut und die Lebensfreude, die Liebe
und das Mitgefühl, die Lebenslust und den Schaffensdrang. Nicht

aber, in dem wir uns von den niederen Selenkräften runterziehen, sich von ihnen beherrschen lassen.

Das Niedere drängt sich selbst auf, die destruktiven und launischen Kräfte wollen die Seele beherrschen. Die guten Kräfte müssen wir uns erobern, müssen uns dafür frei machen, sie kommen nicht von selbst.

Es nützt aber auch nicht viel, gegen negative Kräfte ankämpfen beziehungsweise sie nicht wahrhaben oder verdrängen zu wollen. Denn im Unterbewussten schaffen sie dadurch nur um so stärker weiter, bis der Körper sie in Krankheiten und Schmerzen offenbaren wird. Auch ein Bohren in den Wunden, im unvollkommenen Alten, in Traumatas und Kränkungen verschlimmert oftmals noch mehr. Wir dürfen und sollen sie natürlich anschauen, in den Schmerz hineingehen, aber mit vollem und wachem Bewusstsein und diese Wunden mit göttlichem Licht und göttlicher Kraft annehmen. Sie gehören zu uns. Eine Hinwendung zum Guten, zu einem neuen „Programm" und Lebensentwurf und diesem Aufmerksamkeit und dadurch Nahrung zu geben, bringt uns näher zu den heilenden Kräften, als dem Alten, dem Kranken durch Kampf und übermäßige Beschäftigung, diesen damit unsere Energie zu liefern. Eher dürfen wir das Alte, Einseitige und Extreme loslassen lernen. Da, wo man seine Energie hinwendet, wächst auch das Entsprechende. Eine Umverteilung vom Krankmachenden zum Gesundenden ist also notwendig und dies auf allen Gebieten des Seins.

Im Ich stehen wir über den seelischen Kräften und haben dadurch die Möglichkeit der freien Entscheidung. Der Doppelgänger, das niedere Ich und die einseitigen Seelenkräfte, sie werden nicht erlöst durch ein Ringen und Kämpfen mit ihnen, sondern durch eine Hereinnahme der Kräfte des Lichtes, der Liebe und des göttlichen Lebens. Sodann, es kann das Leben selbst zu einem Kunstwerk werden, wenn der Meister an seinem Werke, an seinem Material arbeitet, an seinen „Unvollkommenheiten" und diese zur Schönheit, zum Guten und zum Wahren hin verwandeln kann.

Mögen die Wege durch die eigene Seele auch dunkel und schwierig sein, die Treue zum Geist wird allmählich das Dunkle und Unerkannte erhellen, mildern und abfallen lassen. Der Parzival-Weg des „Durch das Tal" beziehungsweise des „Mittenhindurch" ist heute zu beschreiten. Dahin soll unser Streben gehen.

In unseren Idealen und Zielen haben wir etwas Besseres gefunden und so müssen wir nicht gegen das Böse ankämpfen. Wir entscheiden uns für die Liebe. Sie ist ein sicherer Weg und ein gereiftes Ziel.

Christus ist der Weg, die Wahrheit und er schenkt uns sein Leben. Er ist der Meister aller Meister und lehrt uns die Einweihung in das göttliche Leben. Durch seinen Herold, den Erzengel Michael, wirkt er in einer modernen Weise in unser Alltags- und Gesellschaftsleben hinein.

Der Weg des Christus ist die Liebe. Seine Wahrheit ist im Licht der Weisheit, durch Sophia zu ergründen. Und das Leben des Christus ist der Ursprung, ist der Weltengrund selbst, in dem der göttliche Vaterwille waltet.

Die Liebe, das Licht und das Leben – dafür wollen wir uns einsetzen. Das sind die Ideale des Menschlichen und die Kräfte des Göttlichen zugleich.

Das Leben strebt zum Licht mit der Kraft der Liebe – im Menschen und dann auch in der Welt. Damit geschieht die Transsubstantiation des Lebens selbst. Damit können alle Energien des Lebens, zum Beispiel die Sexualenergie oder der „Durst nach Dasein" überwunden, verwandelt und veredelt werden.

„Nur den, der strebend sich bemüht, können wir erlösen" (Goethe).

Die geistige Welt schenkt uns mit jeder Überwindung, wenn sie auch noch so unbedeutend sein mag, immer mehr die Weisheit, unser leiblich-seelisches Gefüge durchschauen und ordnen zu können. Aus diesen Einsichten kann dann eine Lebenskunst erwachsen, die mit den leiblich-seelischen Energien spielen lernt und dadurch von ihnen nicht mehr so stark eingenommen werden kann. Wir sollen „Herr" im eigenen Hause, im eigenen Innern sein.

Auf der seelischen Ebene, die hier als Beispiel aufgezeigt wird, sind die verschiedenen Ausdrucksformen der Seele zu berücksichtigen. Das Seelenleben äußert sich im Denken, Fühlen und Wollen. Diese drei Seelenglieder sind aber wieder in sich dreifach gegliedert. Aus folgender Anordnung lassen sich nun Stufen des Seelischen erkennen, mit denen wir alle umzugehen haben und die wir beherrschen und meistern lernen müssen, um ein Gefäß für den lebendigen Geist werden zu können.

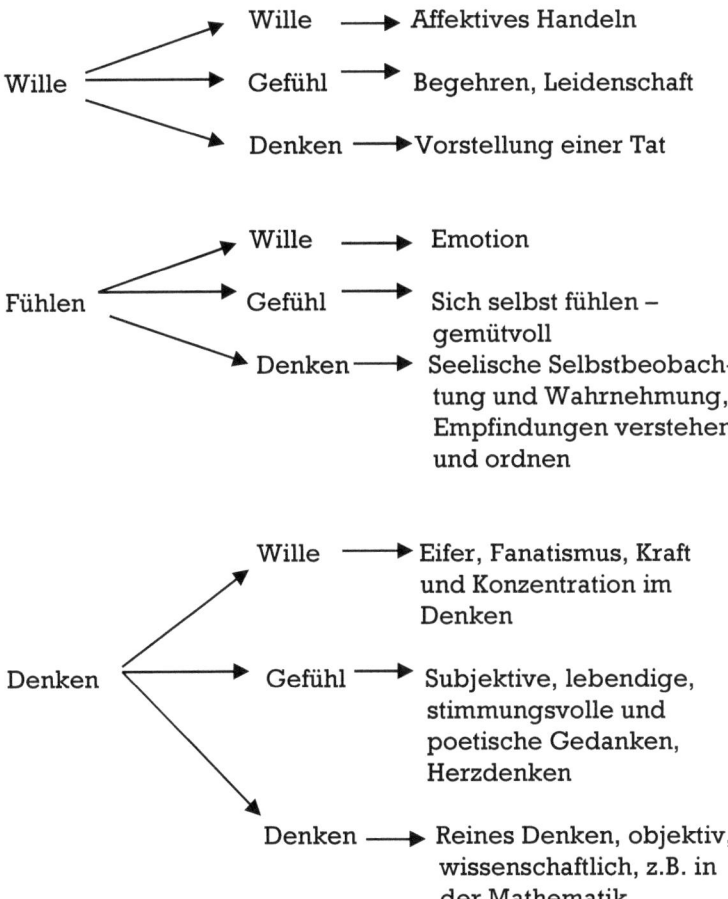

Wille ⟶ Wille ⟶ Affektives Handeln

Wille ⟶ Gefühl ⟶ Begehren, Leidenschaft

Wille ⟶ Denken ⟶ Vorstellung einer Tat

Fühlen ⟶ Wille ⟶ Emotion

Fühlen ⟶ Gefühl ⟶ Sich selbst fühlen – gemütvoll

Fühlen ⟶ Denken ⟶ Seelische Selbstbeobachtung und Wahrnehmung, Empfindungen verstehen und ordnen

Denken ⟶ Wille ⟶ Eifer, Fanatismus, Kraft und Konzentration im Denken

Denken ⟶ Gefühl ⟶ Subjektive, lebendige, stimmungsvolle und poetische Gedanken, Herzdenken

Denken ⟶ Denken ⟶ Reines Denken, objektiv, wissenschaftlich, z.B. in der Mathematik

Erst wenn wir uns selbst beobachten und analysieren, werden wir feststellen, wo oder auf welchen Stufen wir Schwächen und Stärken haben, um allmählich „Herr" im eigenen Seelenleben werden zu können.

Mit dem Denken können wir den Willen zügeln und richten, wenn das Ich die innere Führung im Seelenleben übernimmt. Mit dem Willen wird dann das Denken lebendig und gekräftigt. Und im Fühlen kann ein Ausgleich geschaffen werden, wo dann eine Mitte entsteht, die von einer Willenskraft getragen ist und wo das Denken zu einem tastenden und fühlenden Organ für das Geistige

57

selbst gereichen kann. Das Fühlen weitet sich dabei zu einem Lauschen und Hereinnehmen dessen, was wir als unser höheres Ich wahrnehmen lernen.

Ja, dieses können wir in der geläuterten und reinen Seele erspüren. Das höhere Ich, das Geistselbst und die geläuterte Seele werden durch die Arbeit und Vermittlung des menschlichen Ichs am Seelischen allmählich eins.

Das höhere Ich und damit auch die reine beziehungsweise die gereinigte Seele, sie sind mit unserem Engel verbunden. Wir können daher von diesem mitgetragen und impulsiert werden.

Die Welt des höheren Ichs beziehungsweise der Engelwelten, sie können wir erspüren lernen in einer Sphäre des Friedens, der Freude, der Liebe und der Heiterkeit. Diese Sphäre dürfen wir in uns finden und erschaffen, wenn unsere Seele diese Kräfte in sich hereinlassen kann.

Das höhere Selbst ist das Urbild des Menschen, das den ganzen Kosmos umfasst. Es leuchtet als ein Stern über unserem Haupt. Beim fortgeschrittenen Menschen ist es näher, beim einseitigen Materialisten ist es weit entfernt. Es entspricht dem Allbewusstsein beziehungsweise dem kosmischen Selbst, dem sogenannten Adam Kadmon in seiner urbildlichen Form. Dieses Selbst wird getragen vom Schutzengel in der Sphäre der Sophia, die im sichtbaren Tierkreis ihre kosmische Entsprechung hat.

Das Streben zur reinen Weltenseele, zur Sophia, wird auf diesem Weg zum Selbst zur führenden Kraft, vor allem für den Mann in seiner Seele. Wir kennen ja alle den Ausspruch: Das ewig Weibliche zieht uns hinan. Diese Sphäre des Selbst oder höheren Ich hat einen Lichtcharakter und repräsentiert die kosmische Weisheit, die in der menschlichen Seele ihre Einwohnung feiern möchte. Das ist die Wiedergeburt im Geiste, die Taufe mit Geist.

Die Frau wiederum wird mehr durch Christus, durch das ewig Männliche zur vollendet reinen Seele, zum hohen Selbst herangeführt. So zeigt sich in der seelischen Entwicklung von Mann und Frau eine gewisse Polarität, da die Frau naturgegebener Weise eine stärkere innere Beziehung zur Weltenseele und der Mann zum Weltengeist, zum Christus aufweisen kann. Dadurch können sich Mann und Frau gegenseitig helfen, austauschen und ergänzen. Denn letztlich geht es ja darum, dass jeder Mensch das Männliche und das Weibliche gleichberechtigt in sich entwickeln kann.

Dieses Selbst, es kann finden den Weg zum göttlichen Ich, wenn es sich mit dem Menschen-Ich, dem „Ich bin" verbinden kann beziehungsweise wenn das menschliche Ich sich mit dem Selbst vereinigt hat. Diese Verbindung nenne ich das höhere Ich, bestehend aus dem Selbst und dem menschlichen Ich.

Das „Ich bin" im menschlichen Herzen, es kann sich jedoch auch zum Träger des Gottes-Ichs bereiten, das als wahres Ich, als göttlicher Funke, als „Christus in uns" im Grunde des Herzens ruht.

Im Welten-Ich ist der Ursprung der Liebe zu finden, die im Menschen zu einem Feuer, zu einer Flamme entfachen will. Die Geburt im Geiste beziehungsweise die Taufe des Christus geschieht mit Feuer und Geist. Hier erst kommen Liebe und Licht, kommen das höhere Ich, also das menschliche Ich und das hohe Selbst und das wahre Ich, der Gottesfunke, der im Herzen einwohnend ist, zusammen. Eine lichte Feuerflamme zieht in den Menschen, wie zu Pfingsten urbildlich geschehen, ein.

Dieses lichte Feuer, dieses brennende Licht zeigt die Heilige Hochzeit des göttlichen Ich, von Christus, mit dem hohen Selbst beziehungsweise mit der göttliche Sophia im Menschenwesen an. Das Feuer der göttlichen Liebe und das Licht der göttlichen Weisheit wollen sich im Menschen-Ich und in der Menschenseele vereinigen. Dadurch erst wird der Stern, der über dem Haupte weilt, in die Seele eingezogen und dort mit der Flamme Gottes im menschlichen Herzen wirklich vereint. Haupt und Herz, Licht und Liebe, Sophia und Christus, Seele und Ich, so wird das Göttliche im Menschen mit dem Göttlichen im Kosmos wieder miteinander verbunden oder mit anderen Worten, das Welten-Ich mit der Weltenseele im Menschen-Ich und in der reinen Seele, die sich dem höheren Leben weihen.

Ein brennend scheinendes Weisheits-Licht und ein leuchtend Feuer der göttlichen Liebe, sie wollen alles Weltliche erhöhen, verklären und veredeln, zunächst das Seelische und Psychologische im Menschen, dann erst die tieferliegenden Gewohnheiten und leiblichen Einseitigkeiten. Mit der Einwohnung der göttlichen Kräfte im Menschen kann sich mit der Zeit ein höherer Mensch herausbilden, der seine Seele zum Geistselbst, seinen Ätherleib zum Lebensgeist und seinen physischen Leib zum Geistesmenschen umzuwandeln vermag.

Die Wiedergeburt im Geiste beziehungsweise die Heilige Hochzeit der Braut, der Weltenmutter Sophia mit dem Bräutigam, mit dem Christuswesen, will sich im Menschen vollziehen. Dies kann Wirklichkeit werden, wenn sich das hohe Selbst, wenn sich die geistige Individualität des Menschen und das göttliche Ich im Menschen in der Seele und im Ich vereinen, wenn also Seele und Ich in den göttlichen Kräften und Wesen ihre eigentliche Heimat wiederfinden.

Astrologisch zeigt Uranus den Schlüssel zum Geistselbstprinzip im Kosmos in einem persönlichen Horoskop an. Im Geistselbst haben die göttlichen Kräfte der Wahrheit und der Liebe die menschliche Seele so durchdrungen und gereinigt, so dass das hohe Selbst und der göttliche Funke als Geistselbst in dieser Seele individualisiert erscheinen kann. In der Stellung von Uranus ist dann im Horoskop individuell einsehbar, in welchem Bereich, also in welchem Haus des Lebens der Schlüssel zum Heranreifen des Geistselbst-Prinzipes gefunden werden kann beziehungsweise über welche Tätigkeiten und Qualitäten, die im jeweiligen Tierkreiszeichen angezeigt werden. Der Mann muss hierbei meistens weibliche Qualitäten hinzu entwickeln, die Frau oftmals männliche Seeleneigenschaften, um allmählich eine Ganzheit ausbilden zu können. Dies kann sich natürlich über mehrere Inkarnationen erstrecken. Weitergehende Gedanken dazu finden sich in meiner Schrift: Spirituelle Partnerschaften im Lichte der Sternenweisheit.

Schließlich ist die kommende Wassermannzeit die Epoche für die Menschheit, das Geistselbstprinzip in sich zu entwickeln. Humanistische und brüderliche beziehungsweise gleichberechtigte Impulse zwischen den Menschen sind förderlich, die eigene Seele so zu vervollkommnen, um dadurch dem lebendigen Geiste eine Heimat gewähren zu können.

In späteren Epochen wird dann der Ätherleib mit seinen Neigungen, Gewohnheiten, Temperamenten und verborgenen Gedächtnisinhalten vermehrt zum Schauplatz der inneren Verwandlungsarbeit werden müssen. In noch späterer Zeit soll dann der physische Körper selbst von den begrenzenden, festen, schweren und trägen Kräften des Grobstofflichen befreit werden. Dann wird für jeden fortschrittlichen Menschen der Auferstehungsleib zur Wirklichkeit.

Der Christus Jesus hat diese Überwindung, Verwandlung und Veredelung in seinem dreijährigen Erdensein für uns errungen. Er ist deshalb Weg und Ziel für uns. Aus ihm und durch ihn und in ihm erfahren wir unsere eigene Verwandlungskraft. Er überwindet in uns, wenn wir bereit werden, sich ihm freiwillig und in Liebe hinzugeben - in seinem Namen, seiner Kraft und seinem Wesen.

Um das Christus-Ich im Menschen-Ich stärken und ausbilden zu können, sind uns durch die Ich bin-Worte des Christus besondere Hilfen gegeben, die ich im Folgenden schematisch so anordne, damit sie das menschliche Ich und darüber auch die menschliche Seele lenken und beflügeln können. Eine Zuordnung zu den Chakren wähle ich deshalb, weil diese Ich bin - Qualitäten heilend und stärkend für diese wirken. Zudem kann eine Entsprechung zu den christlichen Sakramenten und den Gralssymbolen aufgezeigt werden. Darüber darf gerne meditiert werden.

7. Chakra (Scheitel) – Ich bin die Auferstehung und das Leben = hohes Selbst, im Kosmos lebend - Sterbesakrament, Initiation, das Gralssymbol des Blutes.

6. Chakra – Ich bin das Licht der Welt = Berufung, Medium Coeli, MC - Priesterweihe, die Taube.

5. Chakra - Ich bin die Tür = seelisch-geistige Wärmekraft, ☽ - Ehesakrament, der Name.

4. Chakra – Ich bin das Brot des Lebens = Ich bin – Zentrum, ☉ - Abendmahl, der Kelch.

3. Chakra - Ich bin der Weg, die Wahrheit und das Leben = niederes Ich, Eigenwille, Astralleib, ♂ - Beichte, das Schwert.

2. Chakra – Ich bin der gute Hirte = Persona, Ätherleib, Aszendent – Firmung, der Stein.

1. Chakra (Wurzel) – Ich bin der Weinstock und ihr seid die Reben = Ich-Organisation, physischer Leib – Taufsakrament, der Speer.

Auf diesem Weg gewinnt das wachsende Ich die göttlich-geistigen Substanzen und Kräfte, die Pfingst-Flammen des göttlichen Feuers: das ist das Feuer der himmlischen Liebe, die alles Sein durchdringen und damit auch erlösen will.

Die Dreiheit in der Liebe

Heutzutage kennt man meistens, wenn man von Liebe spricht, nur noch die körperliche, erotische Anziehung, die Leidenschaft, das Verliebtsein oder die Sehnsucht nach einem Liebespartner beziehungsweise nach einer romantischen Liebesbeziehung und dann vielleicht noch die caritative Einstellung, dem Nächsten helfen zu wollen.

Die Liebe ist demzufolge ein körperliches Begehren und ein Gefühl. Sicherlich gehört die körperliche Ebene als Ausdrucksphänomen der Liebe mit dazu. Sie ist aber nur die unterste Stufe, die körperlich gesehen auch ohne Liebe funktionieren kann. Hier also erfahren wir zunächst die leidenschaftliche Liebe, die erotische Anziehung und das Begehren eines Partners. Dies geht oftmals auch ohne verbindliche Zuneigung und Verantwortung gegenüber einem Partner.

Die leibliche Liebe, der Eros, ist daher auch am stärksten umkämpft und am meisten angreifbar, wie das ja heute gut zu sehen ist, wo sie in den Schmutz von Geld, Macht und Gier gezerrt wird. Diese Ebene gilt es vor allem auf dem Weg zur Reife und Heilung zu läutern und zu reinigen. Zahlreiche Krankheiten zeigen zusätzlich den heiklen Stellenwert der körperlichen Liebe. Sie ist meist auf Eigengenuss aus, daher nimmt sie eben auch viel in sich hinein und das kann krankmachend und schädigend sein, muss es aber nicht, wenn die höheren Ebenen hinzukommen.

Auf der seelischen Ebene ist die Liebe ein Gefühl, eine Zuneigung und eine Sympathie. Wie auf der körperlichen Ebene die Liebe zu einem Feuer wird, das auch verzehren kann, so auf der seelischen Ebene zur Wärme, in der wir uns baden und wohlfühlen können.

Die seelische Liebe, die sogenannte Philia, sie darf sich in die Welt hinein öffnen, sie darf sich verschenken, zunächst dem Partner, aber im weiteren viele Menschen in ihr Herz einschließen. Da wäre eine ausschließende Fixierung auf einen Partner geradezu schädlich, denn die Seele möchte frei der Liebe folgen können, denn dann weitet sie sich und die Liebe kann darin wachsen. Körperlich sich so der Welt zu öffnen, wäre zu gefahrvoll; da wäre dann eher eine Begrenzung anzuraten.

Die geistige Liebe, die sogenannte Agape, sie ist nun kein seelisches Gefühl mehr, sondern viel eher ein Bewusstseinszustand, der sich für den Geist in der Welt und in den Menschen geöffnet hat. In diesem geistigen Zustand, wo man alle und alles lieben möchte, einfach um der Liebe willen, ist die Form, die Struktur, der Sinn und das Ziel der Liebe oder mit anderen Worten, ist der alchimistische Sal-Prozeß, das Prinzip, die Idee und zuletzt das Wesen der Liebe selbst beheimatet. Die geistige Liebe entspricht in diesem Sinne dem geläuterten Feuer, das für die Welt zu leuchten beginnt.

Die körperliche Liebe bedeutet in analoger Weise den Sulphur-Prozeß und die seelische Liebe beschreibt das merkuriell verbindende Element dieser Dreiheit. Somit haben alle drei Ebenen der Liebe ihre Berechtigung und zwar eine gleichwertige. Die körperlich-erotische, die seelisch-romantische und die geistig-spirituelle Liebe, sie sollen vervollkommnet werden und nicht nur die geistige, die sich dann über die anderen stellen soll, wie dies verschiedene „Meister" proklamieren möchten. Erst wenn die körperliche, die seelische und die geistige Liebe in einer ichhaft gewollten und getragenen partnerschaftlichen Begegnung zusammen kommen, entsteht das, was wir alle suchen: die Fülle und die Erfüllung. Natürlich gibt es auch zahlreiche Beispiele, die sich nur auf einer Ebene erfüllen können, wie eben der geistigen, doch die größte Tiefe und das größte Wachstumspotential ergibt sich, wenn gemeinschaftlich versucht wird, auf und in allen Ebenen weiter zu kommen.

In die geistige Liebe kann dann allmählich die körperliche Liebe einmünden, wie dies zum Beispiel in einem tantrischen Entwicklungsprozeß versucht wird. Die Sexualkraft fließt nach oben, wenn umgekehrt die geistige Liebe bis in jede Zelle des Körperlichen eindringen kann. Das sulphurische Feuer der Liebe wandelt sich so mit der Zeit zum salischen Licht des Geistes. Die geistige Liebe erstrahlt schließlich in einem himmlisch wärmenden und erleuchtenden Licht. Und die Wärme des Herzens ist der Ort, wo sich in der Liebe zum Partner die körperlich leidenschaftliche Liebe mit der geistigen Essenz vereinigt. So kann die Liebe schließlich auch als eine Kraft erlebt werden, die alles Niedere und Unvollkommene annimmt und dadurch allmählich verwandeln hilft.

Oft wird heute davon gesprochen, wenn man nur sich selbst recht liebt, also einen „gesunden Egoismus" zutage fördert, es dann für alle Beteiligten in einem zwischenmenschlichen Geschehen am besten ist. Zu leicht benutzt man dadurch aber nur den anderen, zum Beispiel als Lustobjekt, zum Anlehnen oder zum eigenen

Wohlsein. Der Egoismus hat eine gewisse Berechtigung auf der körperlichen Ebene, wenn wir damit nicht die Freiheit des Anderen verletzen. Für unseren Körper müssen wir sorgen. Unsere körperlichen Bedürfnisse sollen wir ernst nehmen, sie ausdrücken und befriedigen, sonst geraten wir allzu leicht in eine Ausbeutung hinein, von uns selbst oder auch von anderen, wenn zum Beispiel ein Helfersyndrom sich zu sehr für die Bedürfnisse anderer hergibt.

Ein Altruismus gehört eher in die geistige Ebene hinein, denn geistig sollen wir uns für die Welt öffnen, sie in uns hineinnehmen, sie empfangen, aber auch unseren Geist der Welt schenken. Letztlich geht es ja auf einem geistigen Schulungsweg darum, vom Geist empfangen zu können und diesen der Welt weiter zu schenken.

Die seelische Ebene soll nun eher einem Atemprozeß gleichen. Hier soll das Geben und Nehmen im Gleichgewicht sein. Eine reife Partnerschaft erfordert grundsätzlich, dass wir dem Anderen Stütze und Stärke sein wollen, dass wir da für ihn eintreten, wo er seine Mängel und Schwächen hat und dies natürlich beidseitig. Zudem dürfen wir ihn wertschätzen und dies nicht nur am Beginn, wo eine Verliebtheit uns die schönen und leicht zu bewundernden Seiten zeigt. Das Positive am Anderen darf auch noch in schwierigen Zeiten gesehen und bewundert werden, nicht nur das Negative, die Einseitigkeiten und Schwächen, die wir viel eher durch unsere eigenen Stärken ausgleichen dürfen.

Die Ehe soll in ihrem Wesen keine zweckbestimmte Institution sein, die nur auf materiellen und seelischen Bedürfnissen beziehungsweise auf gesellschaftlichen Konventionen beruht, denn sie wird auf einem freien Entschluss der Eheleute gegründet, also ist sie ichhaft gewollt, zumindest sollte es so sein. Daher ist die Treue zu diesem Entschluss auch die Treue in der Ehe. Das Ideal der Ehe besteht daher eher in einem gemeinsamen seelisch-geistigen Wachsen, letztlich in das Himmlische hinein. Unsere Konflikte und Krisen sind in diesem Kontext eher als Hürden und Bewährungsproben zu sehen, als zur Berechtigung für eine Trennung. Wir können in einer verbindlichen und füreinander verantwortlichen Partnerschaft die irdischen und zwischenmenschlichen Aufgaben so lösen lernen, damit Himmlisches, damit die geistige Liebe darin frei werden kann.

Die geistige Liebe ist selbstlos, sie stellt keine Bedingungen, will nichts für sich selbst und freut sich, wenn sie etwas schenken darf, nämlich sich selbst. Die Agape will sich verschenken – überall hin – zum Guten und zum Schlechten, denn sie sieht im Schlechten und Bösen auch immer noch etwas Gutes. Sie schaut mit dem Herzen und mit dem lichtvollen Geist.

Diesem Guten im Anderen gilt es, unsere Liebe zu schenken. Das lässt ihn wachsen und eine Heilung kann geschehen. Die geistige Liebe verurteilt nicht das Böse und Unvollkommene. Sie sieht das Gute in jedem und in allem und liebt dieses. So kann die geistige Liebe auch bis in das körperliche Begehren und in die seelischen Abgründe hineinleuchten und da das Gute sehen lernen.

Der Zeugungsakt ist etwas Heiliges und ein Austausch von männlichen und weiblichen Lebensenergien gleicht einer himmlischen Speisung. Die seelische und persönliche Liebe zweier Menschen erfährt durch die geistige Liebe ein Sakrament und eine Krönung.

Wenn die Eheleute vor den Altar, vor das Göttliche treten und sich Treue und Liebe im irdischen Leben versprechen, dann geschieht eine Vermählung im Zeichen von Brot und Wein, von Leib und Blut, von Irdischem und Himmlischem. Es verwandelt sich dabei das mondenhafte, irdische Wasser in den sonnenhaften, himmlischen Wein, wie dies urbildlich auf der Hochzeit zu Kana geschehen ist.

Am Irdischen können wir Weisheit erwerben, die Liebe des Himmels wird uns durch Christus geschenkt. Die geistige Liebe will weiter zur himmlischen Weisheit hinführen. Sie ist lichthaft und beleuchtet und erhellt auch das Dunkle in und zwischen uns. Die geistige Liebe und die himmlische Weisheit sind letztlich eins. Darinnen zeigt sich die himmlische Hochzeit von Christus und Sophia.

Die reine, göttliche Liebe, die Agape, die im Hochzeitssakrament gespendet wird, kann sodann zwischen den Eheleuten entstehen, wenn diese den Hochzeitstag nicht als ein einmaliges Geschehen, sondern als einen Beginn sehen lernen für einen gemeinsamen Weg, der sie immer mehr mit der göttlichen Liebe beschenken und zur himmlischen Weisheit hinführen will. Selbst ein Friedrich Nietzsche äußerte den bemerkenswerten Satz: „Nicht fort sollst du dich pflanzen, sondern hinauf. Dazu verhelfe dir der Garten der Ehe."

Der Gang der dreifachen Liebe, wie sie bisher geschildert wurde, kann mit dem Symbol eines Kreuzes verglichen werden und zwar mit der vertikalen Achse, die von unten, dem Leiblichen, nach

oben, zum Geistigen hin, sich spiegeln kann. Im Kreuzes-
mittelpunkt, der einem Nadelöhr gleicht, begegnen sich der
menschliche Wille, wenn er nach oben gerichtet ist, mit der
geistigen Liebe, die in Christus zu uns Menschen gekommen ist.
Sie will im Menschen Wohnung nehmen. In unserer Herzmitte ist
der Ort, wo sich die Dreiheit der Liebe begegnen und durchdringen kann.

Schaut man ein Kreuz unter diesen Gesichtspunkten einmal an, so
können folgende Kategorien deutlich werden.

1. Die horizontale Ebene – (Links – Rechts): Hier spiegelt sich das
körperlich-irdische Leben. Da geht es um ein Wahrnehmen und
Erkennen der irdischen Tatsachen. Es soll sich im Erkennen das
Gute vom Bösen beziehungsweise das Wesentliche vom Unwe-
sentlichen scheiden lernen. Daraus kann schließlich die Grundlage für einen Entschluss zur Lebensänderung gegeben sein.

2. Die axiale Ebene – (Hinten – Vorne): Von der Vergangenheit
zur Zukunft spiegeln sich die Schicksalsgeschehen und die
menschlichen Verbindungen, also die seelischen Ebenen. Das
Alte und Mitgebrachte ist anzunehmen und zu etwas Besserem
umzuwandeln. Die neuen Impulse, die aus der Zukunft zu uns
kommen wollen, sind mit herein zu nehmen. Hier gilt es, den
Menschenbruder an- und mitzunehmen.

3. Die vertikale Ebene – (Unten – Oben): Erde und Himmel wollen
miteinander verbunden sein. Die Materie will geistdurchtränkt
werden. Der Geist will darin Wohnung nehmen. Die Liebe ist die
Kraft dieser Ebene, die sich im Kreuzespunkt, im Herzen, den
anderen zwei Richtungen oder Ebenen öffnen kann. Sie ist der
Schlüssel und die Kraft zum Finden der Weisheit im physischen
und seelischen Leben. Der lebendige Geist durchdringt die Seele
und die Materie und kann daraus befreit werden, denn er wird
sich auf diesem Weg seiner selbst bewusst.

Wie das geschehen kann, wie dann die Seele und die Materie
gereinigt werden müssen, damit der Geist darin zur Erscheinung
kommen kann, das hat vor allem schon viele Alchimisten in
vergangener Zeit beschäftigt. Darüber gibt es auch heute noch
ein großes Geheimnis und Rätsel, das es zu lösen gilt. Im vorigen
Abschnitt wurde diese alchimistische Verwandlungsarbeit bereits etwas ausgeführt, hier soll daran angeschlossen, noch der
Weg der Liebe im Menschen nachvollzogen werden.

Wie finden wir überhaupt den Schlüssel beziehungsweise die
ersten Schritte zu den Wegen der Liebe?

Der Weg der Liebe im Irdischen, also in der Welt und für die Welt, wird uns durch die Eltern beziehungsweise durch die nahestehenden Menschen vorgelebt. Die seelische Liebe wächst vor allem in der Beziehung zu sich selbst, sowie im Einklang und der Zuneigung zu und mit den Partnern, den Freunden und Kollegen. Die geistige Liebe urständet in Gott. Lieben wir Gott, so wird die göttliche Liebe in uns wachsen können.

Der folgende Bibelspruch aus den zehn Geboten beinhaltet diese drei Stufen und Wege ebenfalls recht anschaulich: „Du sollst Gott von ganzem Herzen, mit ganzer Seele und mit deinem Verstand und mit aller Kraft lieben. Und du sollst deinen Nächsten lieben wie dich selbst".

Ja, können wir von uns aus überhaupt lieben oder ist es nicht das Göttliche selbst, das aus uns heraus zu lieben beginnt, wenn wir in der Liebe sind?

Lieben wir Gott mit dem Herzen, der Seele, dem Verstand und mit aller Kraft, so öffnen wir unser Herz, unsere Seele, unseren Verstand und unsere Kraft für die göttliche Liebe. Die Liebe kommt von Gott. Der Mensch kann daher Träger und Übermittler der Gottesliebe sein.

Wir lieben aus Gott heraus, wenn wir das Christuswort beachten lernen: „Wo zwei in meinem Namen versammelt sind, da will ich mitten unter ihnen sein".

Der Name des Christus beziehungsweise die Gottesliebe, sie spiegelt sich zwischen zwei Menschen, wenn sie sich im Herzen und im Verstand, das ist in einem gemeinsamen geistigen Interesse und in einer gemeinsamen Kultur, durch gemeinsame Traditionen, Werte und Ideale, verbunden fühlen. Dann ist die göttlich-geistige Liebe des Christus anwesend.

Die Liebe ist eine magische Kraft. Alle Liebenden können daran teilnehmen, denn sie wirkt auf alles. Sie wirkt weiter im „magischen Wort" durch die Kraft des heiligen Namens der Liebe. Dieser heilige Name beziehungsweise das Anwesendsein der magischen Liebe ist der Schlüssel zur Unsterblichkeit.

Den Weg zum Schlüssel der Liebe hat uns Peter Danov, der bulgarische Lehrer eines spirituellen Christentums für das Wassermannzeitalter in einem schönen Bild gegeben, das ich hier kurz erläutern möchte.

Und zwar gleicht die Liebe einem Baum. Die Wurzeln dieses imaginären Baumes zeigen sich im Streben nach der Liebe. Dieses Streben entspringt einem Wollen, das im Herzen das Feuer der

Liebe beziehungsweise die Begeisterung für die Liebe entfachen kann. Die Sehnsucht nach Liebe ist uns allen eingegeben, wenn auch oft unbewusst.

Der Stamm und die Zweige werden durch die Gefühle der Liebe gebildet. Die Seele ist der Ort, wo sich die Liebe zunächst zu uns selbst (im Stamm) und dann in die Welt (in den Zweigen) ausweiten kann. Im Verstand beziehungsweise im menschlichen Geist kann nun die Liebe als magische Kraft erlebt werden, die den Blüten gleich, Wesen und Kräfte aus den kosmischen Welten heranziehen. Die Liebe beinhaltet eben auch ein weites Stück Gedanken- und Erkenntnisarbeit und wir dürfen dabei lernen, wie die Blüte, sich einer höheren Welt hinzugeben. Eine geöffnete und den Duft der Liebe verströmende Blüte lockt die himmlischen Wesen herbei. So wird uns allmählich der Himmel aufgeschlossen durch die magische Kraft der Liebe.

Vom Denken zum Wort des: „Nicht ich, sondern der Christus in mir" vollzieht sich die innerseelische Reifung, denn dieser Satz beinhaltet oder besser gesagt, er bildet die Blüte beziehungsweise das magische Wort in unserem Geist und Verstand, der ausgesprochen, in der Folge zur Frucht des Baumes, zur geistigen Liebe in ihrer göttlichen, kosmisch-irdischen Essenz heranreifen kann.

In dieser Frucht ist das Prinzip, die Idee und das Wesen der Liebe selbst enthalten. Die geistige Liebe beinhaltet letztlich eben die Idee, das Prinzip und das Wesen der Liebe selbst. Die göttliche Idee der Liebe kommt in Christus zu uns Menschen.

Gott ist Liebe. Die Liebe ist der Ursprung und das Ende der Welt. Christus ist die verkörperte Liebe. Er ist die vollkommene Liebe Gottes und enthüllt sich der Welt. Christus schenkt sich in seiner Liebe in Freiheit uns Menschen. Wir können sie daher in uns tragen.

Im Menschen will sie ganz zur Einwohnung gelangen:

- In der Frucht des Lebens als wesenhafte Offenbarung der Liebe im Geiste des „Ich bin in Christus" beziehungsweise des „Christus ist in mir".

- In der Blüte als magische Kraft der Liebe im Denken und im Sprechen.

- In den Zweigen wird die Liebe als Gefühl in der eigenen Seele leben, mit dem sie sich in die Welt weitet und verschenkt.

- In den Wurzeln lebt sie als Wille und als Streben, aus dem inneren Sein des Herzens heraus, ganz frei handeln und gestalten zu können.

Der Mensch strebt in der Liebe zum Himmel und die göttliche Liebe wird zur reifen Frucht im Menschenleben gereichen können, alle Bereiche des Daseins durchdringend, heilend und erlösend. Die Liebe ist in die Menschheit hinein gestorben. Sie wird darin auferstehen, wenn wir uns für sie in Freiheit öffnen und hingeben lernen.

Die Wunden heilen

Im Gralsepos wird vom Land gesprochen, das verwüsten und verdorren muß, wenn der falsche König regiert. Das zwanzigste Jahrhundert hat mannigfach gezeigt, wie durch falsche Herrscher Zerstörungen und Verwüstungen ausgelöst wurden. Spaltungs- und Zerstörungstendenzen finden sich aber nicht nur im „Großen", in der politischen Gestaltung, sondern ebenso in den zwischenmenschlichen Beziehungen und in der menschlichen Seele selbst. Das verwundete Land ist auch in uns. Jeder trägt irgendwelche dunkle seelische „Flecken" in sich, die uns im Leben immer wieder Schmerzen bereiten und uns an einem gesunden und hoffnungsfrohen Weiterleben hindern können. Da nützt auch kein Verdrängen etwas, denn diese Kräfte wirken im Unterbewusstsein weiter, bis sie sich schließlich in physischen oder psychosomatischen Krankheiten manifestieren können.

Viele Verletzungen, Enttäuschungen und manche Kümmernisse sind aus vergangenen zwischenmenschlichen Begegnungen und Beziehungen übriggeblieben. Oft ist zum Beispiel bei Trennungen, Verlusten und Enttäuschungen keine genügende Trauerarbeit vollzogen worden, weil zum Beispiel eine falsche Männlichkeitserziehung so etwas nicht zulässt. Zudem ist es manchmal recht schwer, bei solchen Begebenheiten und Ereignissen, deren zugrundeliegenden Prinzipien klar und objektiv ergründen und erkennen zu können.

Aus derartigen Wunden, sei es im Großen durch Krieg, Folter, Hass und Gewalt oder in den zwischenmenschlichen Beziehungen durch die Verletzungen aus Abhängigkeiten, Eifersüchten und verschmähter Liebe, die nicht ganz aufgearbeitet wurden, resultieren unterbewusst Ängste, die einen hindern können, sich wieder ganz auf neue Begegnungen und neue Partnerschaften einzulassen. Dieses sich Einlassen können gipfelt in der Mann-Frau Beziehung bekanntlich in der Ehe vor Gott, in der göttlichen Verbundenheit, denn da sollten die Menschen reinen Herzens sein und sich darinnen ganz verbinden. Im Herzen können wir annehmen, lieben und Ja sagen, denn da ist die Wohnstatt Gottes. Der Gralsspeer heilt zum Wohle des Ganzen oder er wird missbraucht und kämpft nur für die Eigeninteressen. Er führt im Opferwillen, dem Aufgeben egoistischer Motive, zum Gral.

Das Vergangene, die Wunden, zum Beispiel ein Trennungs-schmerz, eine Verletzung oder eine Enttäuschung, sie sind anzu-nehmen, auch wenn manche Wunden mit der Zeit vielleicht schon mit Narben zugewachsen sind. Oftmals, das weiß man aus der Medizin, blockieren Narben den gesunden Energiefluss.

Wir müssen noch einmal in den alten Schmerz hinuntertauchen, mit ganzem Gefühl erleben und dieses mit Bewusstsein begleiten. Dabei soll uns das Schmerzhafte nicht überschwemmen und vereinnahmen. Wir betrachten, beobachten, nehmen mit unserem heutigen, wachen Bewusstsein und mit heutigem Abstand wahr.

Alte Namen und Bilder tauchen auf, frühere Freunde und Freun-dinnen, die uns verlassen oder die wir verlassen und gekränkt haben, gilt es ins Blickfeld zu nehmen und dies manchmal immer wieder, bis die Schmerzen nachlassen und wir bereit werden, neue seelische Kräfte und Fähigkeiten daran entwickeln zu wol-len.

Meistens resultiert der erste Trennungsschmerz schon aus der frühkindlichen Beziehung mit der Mutter. Darin zeigt sich natürlich eine karmische Disposition, wie dies ganz gut in einem Horoskopvergleich zu sehen ist.

Doch man kann sich auch sehr leicht im Dschungel des Unbe-wussten verlieren, von einem Trauma immer noch weiter zu einer noch tieferen Ursache kommen, wo man dann vor lauter Bäumen den Wald nicht mehr sieht. Das bezeugen auch die vielen Therapiegeschädigten, wo man oftmals den Eindruck haben kann, dass durch die zahlreichen psychischen „Aufarbeitungsmaß-nahmen" die Seele immer verletzlicher und damit schutzloser werden kann.

Zuletzt landet man doch bei einer Art Urwunde, einem Urschmerz, der von der Trennung, der Sonderung beziehungsweise dem bib-lischen Sündenfall herrührt, als sich die Seele von ihrem Wesens-kern, von ihrem Selbst beziehungsweise von der göttlichen Einheit entfernte. Der Hinabstieg der Seele in die Vereinzelung, in das menschliche Ich, bedingt in der Folge einen Trennungs-schmerz, das Gefühl des nicht ganz sein Könnens, des Fehlens der Ganzheit, resultierend aus der Absonderung vom Ursprung, von der geistigen Heimat.

Doch dieser Weg in die Sonderung, in den Sündenfall, ist nicht ohne Sinn und Ziel geschehen. Durch das Erwachen eines Selbstbewusstseins auf der Grundlage eines freien Ichs kann diese Trennung wieder überwunden werden, um zukünftig einen

Zusammenklang von Ich und Selbst, von Menschlichem und Göttlichem herstellen zu können.

Diesen Abstieg des Menschen können wir umwenden, da Christus, das göttliche Ich, ebenfalls abgestiegen ist und dabei das menschliche Ich vollkommen angenommen hat. So ist zukünftig nicht mehr nur eine Rückkehr zum Ursprung, zum Paradies beziehungsweise eine damit verbundene Loslösung von allem Irdischen anzuraten, denn nun kann sich eine Einwohnung des göttlichen Ichs im Menschen ereignen.

Diese göttlichen Kräfte im Menschen, sie heilen die Wunden, heilen den Schmerz aus Vereinzelung und Isolation. Denn Christus nimmt die Wunden und Gebrechen der Menschen an. Er schafft daraus im Einklang mit dem höheren Selbst eine neue Welt. Himmel und Erde, der Kosmos und der Mensch werden eine neue Schöpfung kreieren, in der das Individuelle, die Freiheit, und das Gemeinschaftliche, die Liebe, eine Einheit bilden.

So kann man auch einen Wandel in den therapeutischen Maßnahmen innerhalb der vergangenen Jahrzehnte beobachten. Wurden in früheren Zeiten durch Aderlass, durch Bäder und pflanzliche Rosskuren meist nur körperliche Eingriffe vollzogen, so wurden ab dem zwanzigsten Jahrhundert vermehrt psychologische Aufarbeitungen und Therapien praktiziert. Zu Beginn die Psychoanalyse, wo versucht wird, Zugang und Klärung der unterbewussten Mechanismen des Seelischen zu finden (Sigmund Freud, C.G. Jung, Alfred Adler und andere). In der zweiten Hälfte des zwanzigsten Jahrhunderts wurde vermehrt über körperliche Ausdrucksweisen versucht, die seelischen und körperlichen „Panzer" zu sprengen, vor allem durch die Arbeiten von Wilhelm Reich, Alexander Lowen mit seiner Bioenergetik oder von Fritz Pearls in der Gestalttherapie. Des weiteren kamen mit der Urschrei- und Rebirthing- Therapie in gruppendynamischen Prozessen Methoden zum Vorschein, die Befreiung von angestauten Gefühlen, seelischen Blockaden und damit mehr seelische Ausdrucksmöglichkeiten versprachen.

Zudem wurde die Psychologie in esoterische Bereiche hinein erweitert, wo es dann um Auflösung von altem Karma, auch in Gruppenzusammenhängen wie beim Familienstellen, geht oder dem Sichtbarmachen alter Ereignisse in der Reinkarnationstherapie.

Heute ist man wieder etwas sanfter und manchmal auch etwas rationaler geworden, wie in den Verhaltenstherapien oder in der

Gesprächstherapie. Durch die Arbeit eines Victor Frankl kam dann noch die Frage der Sinnfindung hinzu, mit der wir eine Ausrichtung in die Zukunft gewinnen können. Neuerdings wird viel versucht, mit Vergebungsritualen beziehungsweise mit dem Verzeihenkönnen, alte Verletzungen und Wunden ausgleichen und heilen zu können.

Überall sind in diesen Therapien natürlich „Mosaiksteine" auf dem Weg zur Heilung vorgegeben, doch der Heilungsprozess ist eigentlich ein künstlerischer Akt, bei dem es nicht darum gehen sollte, die Unvollkommenheiten beziehungsweise die Krankheiten einfach nur wegräumen zu wollen, denn sie sind das Material, mit dem wir arbeiten, mit dem wir etwas Neues aufbauen können.

Wie der Künstler, der zum Beispiel einen groben Stein so lange behaut und gestaltet, bis darin eine Idee sichtbar erscheint, so sollte auch ein therapeutischer Prozess in ähnlicher Weise vollzogen werden. Wir veredeln mit der Hilfe des Höheren, mit der Hilfe des geistigen Lichtes und der göttlichen Liebe das Kranke wie in einem alchimistischen Labor, wobei die Stufen einer kultischen Handlung zu einer Orientierungshilfe gereichen können. Eine Krise will letztlich eine Umkehr und Neuausrichtung unserer bisherigen Lebensweise erreichen.

1. Stufe – die Verkündigung: Praktisch bedeutet dies nach einer Anamnese die Diagnose – und die kann erschüttern, so dass sich die Seele öffnet. Die Panzer aus Gewohnheiten und starren Denk- und Verhaltensmustern werden aufgebrochen.

2. Stufe – die Opferung: Altes, Überkommenes, das uns bisher getragen und geholfen hat, jetzt aber immer mehr verengend und einschränkend wirkt, muss auf dem Altar des Seelenheils dargebracht und geopfert werden.

3. Stufe – die Wandlung: Um eine Metamorphose, also eine höhere Ebene finden zu können, bedarf es eines Suchens, bei dem man zunächst gar nicht weiß, wohin die „Reise" gehen soll. Eine Wandlungsbereitschaft erfordert deshalb ein Vertrauen in die Mächte, die uns im Leben führen und ein Ziel geben wollen. Eine Offenheit, eine Stille und Leere, ein manchmal endlos erscheinender Raum, ist dabei zu durchwandern, weil erst in dieser Leere und Offenheit sich neue Impulse und Richtungen zeigen können.

4. Stufe – die Kommunion: Irgendwann erscheinen dann auch neue Ideen, neue Sichtweisen und Möglichkeiten, mit denen wir unserem Leben einen neuen Sinn und neue Gestaltungskräfte verleihen können. Das kann, muss aber nicht unbedingt mit äuße-

ren Veränderungen zusammenhängen. Entscheidend ist die innere Veränderung, die innere Einstellung und Sichtweise.

Immer aber sind unsere Wunden und Krankheiten aus Beziehungen hervorgegangen, entweder mit dem Partner, mit den Kollegen, mit Vorgesetzten und Freunden, mit sich selbst oder mit Gott. Natürlich können wir versuchen, in unseren vergangenen Zeiten nach Ursachen für heutige Probleme zu suchen. Doch letztlich können wir aus unseren Gebrechen und Verhaltensmustern auch ein Prinzip herauslesen, das auch noch in der Gegenwart nur mit gesundem Menschenverstand oftmals viel einfacher zu ergründen ist. Es gilt also auf dem therapeutisch sicheren und gesunden Weg, ein gemeinsames Muster, ein Prinzip in den verschiedenen Beziehungsschmerzen und -krisen zu erkennen und diese anzunehmen. Diese Muster in unseren Begegnungen gehören zu unserem Schicksal. Die Schmerzen und Leiden, die aus gewissen Beziehungsmustern resultieren, weil wir uns bestimmten Prinzipien entsprechend verhalten haben, können wir mit dem Licht und der Liebe des Christus durchfluten und beatmen lernen. In diesem Licht vermögen wir auch, in ein inneres Gespräch mit den Menschen zu kommen, die uns dieses Leid zufügten. Nicht nur die Muster sind also zu erkennen, die sich in den verschiedenen Beziehungen meistens ähneln, sondern auch die Aussöhnung mit den Personen wäre ebenso anzustreben. Wir sollen Verzeihen und um Verzeihung bitten können und uns Versöhnen.
Das Muster erkennen, die Menschen lieben. Die Erkenntnis und die Liebe, sie heilen die Wunden. In der Meditation können zum Beispiel bestimmte Personen liebevoll ins Herz genommen werden. Das löst die dunkle Aura, den Schattenanteil auf beziehungsweise verwandelt und durchlichtet ihn und lässt dadurch mit der Zeit das Herzchakra erblühen.
Mit dieser Christusliebe kann in die Tiefen der Seele eingetaucht werden, auch bis in die elementarischen Bereiche der Leiblichkeit hinein, wo alte Verhärtungen sitzen und von wo aus die Lebensbedürfnisse gestillt werden. Erst wenn unsere Schatten und Abgründe erkannt und durchliebt worden sind, kann das ursprüngliche Leben in uns frei zu fließen beginnen.
Den Christus bei jeder Kleinigkeit zu Hilfe zu rufen, ohne selbst große Anstrengungen unternehmen zu wollen, wird natürlich nicht funktionieren. Wir müssen schon unseren Teil beitragen zum

Aufarbeiten und Erkennen. Doch irgendwann kommt man an einen Punkt, wo die eigenen Möglichkeiten begrenzt sind, wo die anstehenden Probleme, Prüfungen und Aufgaben so groß sind, dass wir alleine nicht mehr weiterkommen. Dann helfen vor allem die Mitmenschen und die Wesen der geistigen Welt durch Ratschläge, neuen Einsichten und inneren Impulsen. Erst gemeinsam kann es weitergehen.

Es ist ja ein interessantes Phänomen, dass zum Beispiel bei den Anonymen Gruppen wie den Alkoholikern, die Patienten erst einmal an den Punkt kommen müssen, dass sie ihre Krankheit akzeptieren, das heißt, nicht mehr dagegen ankämpfen, um sie loswerden zu können, sondern wo man bereit wird, zu kapitulieren, um dann um Hilfe bitten zu können. Erst an diesem Punkt wird die Seele offen für die Hilfen von oben, die immer bereit sind zu helfen, wenn wir darum bitten und zwar aus einer demütigen, geduldigen und dankbaren Haltung heraus. Natürlich können solche Hilfen auch von Menschen kommen, die zu rechter Zeit da sein werden, wenn wir offen sind für das neue Leben, das daraus hervorgehen will.

Die Bereitschaft, sich wandeln zu wollen, darf jedoch nicht erlahmen, auch nicht nach ersten Verbesserungen, denn der Weg zum Heil ist lang und noch lange nicht zu Ende. Es geht schließlich nicht nur um das persönliche Heil, sondern um das der ganzen Menschheit. Da gibt es noch genügend kollektiv verursachte Wunden und Gebrechen.

Viele Hindernisse gilt es also auch zukünftig noch zu überwinden. Der Speer des Opferwillens vermag dies, wenn wir unseren Stolz, unsere Kränkungen, unsere Ängste und unsere Feigheiten überwinden und opfern können. Dann erst kann ein Höheres eintreten und wirken. Der Speer von unten, der menschliche Wille, soll sich freiwillig dem Höheren zuwenden, denn dann kann sich das geistige Leben mit dem menschlichen Willen verbinden und der Speer gereicht zum Heil.

So wird erst allmählich der Weg frei und wir können die Aufgaben im Leben finden, die uns aus der göttlich-geistigen Welt zugeteilt sind und den Platz finden, wo wir mit den Kräften der Erde sowie der fortschreitenden Menschheitsentwicklung zusammenwachsen. Der Speer des Schicksals verbindet uns mit dem Willen der Welt. Die Liebes-Schale im Herzen lässt uns die Erdenaufgabe und den Erdenschmerz annehmen, tragen und zur Gesundung heranführen, wenn die Menschengemeinschaft in der Achtung, in der Ehrfurcht, im Mitleid für den Anderen, im Mitgefühl zu allem Lebenden und in der Liebe zu allem eine neue Welt miterschaffen hilft. Jeder kann in seinem persönlichen Leben zum Miterbauer dieser neuen Welt werden. Der freie Wille dafür steht jedem zur Verfügung. Die Liebe des Christus steht uns dafür allzeit helfend bereit. Für eine besinnliche Betrachtung dieser Thematik habe ich einen Text gefunden, der aus einer Schriftrolle der Essener stammen soll. Dieser Text kann das Vorhergesagte vertiefen und soll hier zum eigenen Nachdenken anregen.

Aus der 5. Schriftrolle der Essener:
„In dieser Welt dienen alle Menschen einem von zwei Herren: Mit jedem Gedanken und jeder Tat dienen wir entweder der Liebe oder der Furcht. Wenn ich mich mit meinen Mitmenschen ohne Furcht verbunden fühle, diene ich der Liebe.
Man hat mich gelehrt, mich zu behaupten und stets wachsam zu sein, damit mich niemand verletze und betrüge. Jetzt weiß ich, dass niemals irgend jemand versuchen wird, mich zu verletzen oder unfreundlich zu behandeln, es sei denn, er fühlt sich ungeliebt. Ich will mich vor dem Ungeliebten nicht mehr fürchten, wenn er sich unfreundlich zeigt. Ich werde es dem Unkraut der Rache nicht mehr erlauben, im Garten meines Herzens Wurzeln zu schlagen. Mitgefühl wird meine Antwort denen gegenüber sein, die mir Schaden wollen, weil sie sich von Furcht und Lieblosigkeit leiten lassen.
Liebe ist stärker als Furcht und kann mich weise machen. Jedesmal, wenn ich versucht bin, zurück zu schlagen, wird mir die Liebe einen besseren Weg zeigen.
Verletzungen und Schmerzen sind relativ kurzlebig. Von Dauer aber sind Würde, Selbstwertgefühl und Genugtuung darüber, stärker zu sein als der Übelwollende.
Was für jeden Menschen lebensnotwendig ist, besitze ich in Fülle: Liebe und Anteilnahme. Liebe fließt als Lebensblut durch meine Adern und zeigt mir den Weg zu Geist und Wahrheit. Liebe als einziger Lebensquell hat mich geboren.
Wenn ich meine Mitmenschen ohne Vorbehalte so annehme, wie sie sind und ihnen meine Zuneigung nicht verweigere, strahle ich Liebe aus und gebe ihnen ein Gefühl der Geborgenheit. Damit fördere ich das Beste in ihnen.
Von heute an will ich allen, die in mein Leben treten, auf diese Weise begegnen, auch wenn sie lieblos handeln. Selbst die Grau-

samen und Zerstörerischen schließe ich von meiner Liebe nicht aus. Zwar werde ich niemals Taten billigen, die anderen Schmerz und Leiden zufügen, doch werde ich sowohl für die Verursacher, wie auch für die Betroffenen, Mitleid und Liebe fühlen.

In jedem von Gott geschaffenen Lebewesen steckt etwas, das es zu lieben gilt und das Liebe braucht. Ich anerkenne das Heute und spende Liebe.

Wohl das schlimmste Verbrechen ist Mord. Wenn ich aber einem Mörder meine Liebe versage, habe ich das gleiche Verbrechen begangen, denn ich habe ihm die Quelle des Lebens vorenthalten und ihn in meinen Gedanken zu einem Toten gemacht. Wenn ich hasse, bin ich ein Mörder.

Die Menschheit wünscht sich manche Gaben, die ihr unter Umständen gewährt werden können: Durch die richtige Einstellung habe ich die Gabe des Heilens. Wenn ich richtig zu hören verstehe, kann ich Vorhersagen machen. Wenn ich lerne, kann ich die Gabe des Lehrens mit anderen teilen. Wenn ich stark bin, kann ich anderen den Weg zeigen. Mit der Gabe des Geistes kann ich anderen Kraft und Zuversicht vermitteln. Immer kann ich Mut wecken und Hilfe gewähren.

Der Gaben sind viele, doch die größte ist die Liebe. Ich habe mir immer Geistesgaben gewünscht, stets sehnte ich mich danach, helfen und dienen zu können. Sei es als Heiler, Prophet, Führer oder Weiser. Die größte Gabe kann ich jedoch schon heute besitzen: Die Gabe grenzenloser, bedingungsloser Liebe. Ich kann Liebe geben und empfangen und will beides heute und immer tun. Ich liebe, was ich bin – im Erfolg und wenn ich strauchle.

Die Quelle meines Lebens und mein Selbst lieben mich vorbehaltlos und immerdar. Und ebenso gebe ich bedingungslose Liebe, auch wenn die anderen meine Erwartungen nicht erfüllen. Meine Liebe wächst, je mehr ich davon austeile - und ist unerschöpflich. So, wie ich Liebe gebe, empfange ich Liebe und Liebende verleihen meinem Leben Fülle.

Niemand kann mein Feind sein. Ich lasse es nicht zu. Ich habe die Wahl, jemanden als Feind zu betrachten oder nicht. Und ich möchte in meinem Leben keine Haben. Ich will diejenigen, die meine Feinde sein könnten, lieben – und sie werden zu meinen Freunden. Ich werde sogar lieben, wer mir keine Gegenliebe zeigt und ihm vergeben.

Heute entschließe ich mich zur bedingungslosen Liebe und bitte um Hilfe. Ich bitte die Quelle aller Liebe, mir die Kraft, den Willen und die Fähigkeiten zu verleihen, meine Vorsätze wahr zu machen.

Gott, lehre mich zu lieben. Lehre mich ohne Vorbehalte und Bedingungen zu lieben. Gewähre mir, dass ich die Liebe selbst sein kann beziehungsweise, dass sie in mir Wohnung nimmt. Liebe ist, was ich im Innersten bin".

Dem möchte ich nur noch hinzufügen, dass wir auch den Geist der Wahrheit und der Weisheit in uns entdecken können, so dass unsere Liebe sinnvoll und fruchtbar eingesetzt werden kann. Liebe ohne Weisheit kann leicht missbraucht werden. Die Weisheit schützt die Liebe und die Liebe durchwärmt die Weisheit, auf dass das Leben selbst von Innen her durchlichtet und durchwärmt werden kann. Langsam und stetig wachsend wird so die Welt durchwirkt, erhöht und damit erlöst.

In der Vermählung von Weisheit und Liebe, von Sophia und Christus, von Braut und Bräutigam, ist im Menschen die heilige Hochzeit vorgegeben, nach der sich jede Seele letztlich sehnt. Auf dem Weg zu dieser Einheit können die seelischen Wunden uns leiten und begleiten, denn an deren Aufarbeitungen wachsen wir selbst an Weisheit und Liebe – und darauf kommt es schließlich an.

Mit diesen himmlischen Gaben können wir dann immer stärker in das Leben der Welt eindringen und dieses von Innen her gestalten. In die irdische Welt, in die alte, natürliche Schöpfung sind die Kräfte des göttlichen Vaters hineingestorben. Diese wollen daraus auferstehen, befreit werden durch die Macht der Liebe. So schaffen wir allmählich mit an einer neuen Schöpfung, die sich vor allem im sozialen Leben durch neue Werte und Tugenden auszeichnen will.

Neue Werte

Nach langer Zeit der patriarchalen Männerherrschaft sollen in der Zukunft wieder vermehrt und ausgleichend weibliche Werte zum Tragen kommen. Weibliche Tugenden, wie die Bescheidenheit, die Demut und Reinheit, verlieren heutzutage zunehmend an Wert und Achtung. Diese Tugenden gehören kosmologisch gesehen zum Jungfrau-Tierkreiszeichen, also in das vergehende Fische-Zeitalter hinein.

Die weiblichen Tugenden im Wassermann-Tierkreiszeichen, das energetisch mehr männlich ausgerichtet ist, sind dann von einem humanistischen, gleichberechtigten und sozialen Geist geprägt. Dahin soll also unsere zukünftige Entwicklung gehen.

Im Jungfrauzeichen, also in der Fische-Zeit, wird mehr die Mutter Maria beziehungsweise die Madonna mit dem Kind verehrt, wie dies gut in der Kunst des Mittelalters zu sehen ist. Im Wassermannzeichen ist die weisheits- und lichtvolle „Sophia" zu Hause. Ihr heiliger Geist, er erleuchtet und inspiriert, wenn wir uns der Welt im Ganzen zuwenden und uns für soziale Gerechtigkeit und einen brüderlichen oder besser geschwisterlichen Umgang mit der Schöpfung einsetzen. Dieser Geist wird uns dann immer mehr von Innen her heilen und befruchten können.

Doch die „zivilisierte" Alltagswelt ist heute noch von einem ganz anderen Geist beherrscht. Unsere Gesellschaft baut noch immer recht einseitig auf Leistung, Einsatz, Durchsetzung und Ausbeutung, streng nach dem darwinistischen Evolutionsgedanken, wo sich der Stärkere, Klügere und Korruptere behaupten wird. Dabei spielen auch manche Frauen kräftig mit. Sicherlich ist bei ihnen nach langer Zeit der Unterdrückung viel angestaute Energie vorhanden, die sich erst einmal Luft verschaffen muss. Nun wird oftmals in Beruf und Gesellschaft gezeigt, was „Frau" alles kann. Die Frauen erweisen sich dabei als echte Konkurrenz, stehen also den Männern in Effektivität, Bildung und Geschick nicht nach.

Bei längerer und genauerer Betrachtung ist zu erkennen, dass die Gesellschaft als Ganzes männlicher beziehungsweise individualistischer wird, wobei leider die weiblichen Fähigkeiten des gemeinschaftstragenden Prinzips verloren gehen oder nicht genügend gewürdigt und geschätzt werden. Das pflegende, nährende, bewahrende, schützende und wärmende Element wird in Beruf und Familie unterbezahlt und ausgebeutet. Oftmals haben die Frauen dann noch neben dem Beruf die Doppelbelastung mit dem Haushalt und den Kindern. Und die Männer, aber auch immer mehr Frauen, sind im Berufsleben sowieso immer größeren Leistungs-, Konkurrenz-, Geld- und Sachzwängen ausgesetzt, weil man meint oder eingeredet bekommt, ohne einen noch stärkeren Fortschritt könnte man mit dem „Weltniveau" nicht mehr Schritt halten.

Viele Frauen unterstützen dies, in dem mehr Wohlstand, Konsum und Freizeitvergnügungen, wie große Häuser, Reisen, neueste Moden et cetera verlangt werden, die natürlich viel Geld kosten. Und so rennt man immer dem Geld und dem Vergnügen hinterher. Ja, man braucht die Aktivität und Abwechslung, denn in der Stille, in der Beschaulichkeit, in der Einfachheit und Zurückgezogenheit könnte einem die Oberflächlichkeit dieses Lebens auffallen. So baut man lieber weiter an seinem privaten Glück der „Selbstverwirklichung" beziehungsweise einem Status- und Prestigedenken.

Oftmals hat man dann äußerlich alles erreicht, wie Familie, Haus, Beruf, Karriere und Anerkennung, aber immer mehr schleicht sich doch Langeweile, Routine und Leere in den Alltag ein. Viele Ehen und Gemeinschaftsbezüge zerbrechen. Man wechselt den Partner, wenn es nicht mehr „passt". Wir haben ja recht leicht die Möglichkeiten dazu. Man meint, mit dem nächsten Partner sich besser verwirklichen zu können. Das wird dann als individuelle Freiheit bezeichnet. Ich meine, die heutige proklamierte Individualisierung und Selbstverwirklichung ist oftmals ein ziemlicher Egotrip. Die zunehmende Zahl der Singles bestätigt dies.

Sicherlich gehören solche Tendenzen auch zu einer Signatur der Wassermannzeit, denn darin muss das Individuelle, das Freiheitliche und die persönliche Unabhängigkeit über Gruppenzwängen stehen können. Nur, wenn wir das Gemeinschaftliche, die selbstgewählten Gemeinschaftsbezüge nicht mehr genügend wertschätzen und uns dafür einsetzen, gerät das soziale Leben in Unordnung. Es käme in einem sozialen Gefüge nämlich vielmehr auf eine Selbsterziehung an. Da wären meistens persönliche und charakterliche Veränderungen notwendig. Doch das passt der „Selbstverwirklichung", sprich, dem Ausleben persönlicher Neigungen, nicht in den Kram. Oftmals ist an diesem „Egotrip" auch eine große psychologische und esoterische Bewegung beteiligt. Jeder will nur noch fitter, selbstbewusster, enthemmter und glücklicher sein. Damit lässt sich dann gut Geld verdienen.

Das heutige Gerede vom Individualismus, jeder soll und kann tun und lassen was er will, führt in der Realität doch nur zur Vermassung, zum Beispiel in der Werbung durch bestimmte Markenartikel oder bei den vielen Pauschalreisen in fremde Länder, wo den Menschen paradiesische Zustände an schönen Stränden und luxuriösen Hotels versprochen werden. Die Realität hinter den schönen Fassaden sieht jedoch meistens etwas anders aus.

Wir können natürlich tun, was wir wollen, doch die Rechnung für unser Handeln bekommen wir sicherlich präsentiert, sei es durch die Umwelt, das Wetter oder durch das soziale und gesellschaftliche Klima. Mir fällt auf, dass es bei zunehmender „Individualisierung" immer weniger menschliche und charakterliche „Originale" gibt. Individuum heißt doch das Einmalige und Einzigartige. In den Werten der Mode und Werbung finden wir das sicher nicht.

Es gilt schon, die geistigen Werte des Männlichen und des Weiblichen, wie überhaupt des Menschlichen, neu bewerten und erkennen zu lernen. Das Ewig-Weibliche und das Ewig-Männliche, sie ziehen uns hinan und lassen uns zusammenwachsen mit unserer kosmischen Bestimmung. In dieser Bestimmung und Aufgabe finden wir uns erst wirklich selbst. Darinnen können wir zu einer echten Individualität heranreifen.

Das Ewig-Weibliche ist uns urbildlich am Reinsten in der Isis-Maria-Sophia geschildert. Sie trägt die geistigen Urbilder und Archetypen des Weiblichen geläutert und befreit in sich. Maria entspricht dem mütterlichen Prinzip, Isis ist die Priesterin und Sophia ist die Braut. Das Ewig-Männliche ist uns in Christus gegeben. Er ist Hierophant, also Hoher Priester, Meister, König und Bräutigam.

Das weibliche Element spiegelt mehr die Eigenschaften des Seelischen und das männliche Element mehr die des Geistigen. Geist und Seele können sich befruchten, wenn die Seele zur Schale für den lebendigen und führenden Geist der Liebe wird. Andererseits kann die Seele zur Führerin für das Menschen-Ich beziehungsweise für den menschlichen Geist werden, wenn sie selbst den Weg von irdischen Begehrungen zum Weisheitslichte erstreben will.

Aus der Verbindung von Seele und Geist, die in Partnerschaften in der Verbindung und Auseinandersetzung von männlichen und weiblichen Seelenanteilen und Geistesqualitäten heranreifen, die aber auch im eigenen Innern gesucht und gefunden werden können, wird eine neue Kultur erstehen. Sie wird die Errungenschaften und Traditionen der Ehe, der Familie und anderen Lebensgemeinschaften anerkennen und weiterführen. Das geistige Selbst als Frucht der Vereinigung von Seele und Ich beziehungsweise von weiblichen und männlichen Anteilen, die harmonisch zusammenarbeiten und sich ergänzen, kann im Menschen auf der Grundlage einer gemeinsamen Kultur im Geiste der Gleichberechtigung und individuellen Freiheit erscheinen. Darin zeigen sich die spirituellen Impulse der Wassermannzeit.

Partnerschaften sind nicht nur für die leibliche Fortpflanzung nützlich. Im Austausch von männlichen und weiblichen Seelenkräften erwächst für beide Teile eine Integration der polaren Eigenschaften. Dies ist die Voraussetzung, damit das Höhere, das geistige Kind, das Selbst, im Menschen geboren werden kann.

Die zukünftige seelisch-geistige Entwicklung beruht auf einer beziehungsorientierten Einstellung auch gegenüber der Umwelt, aber nicht in dem subjektiven Sinne des: „Das gefällt mir" oder eben nicht, sondern in einem Prozess, wo man sich selbst in der Beziehung zur Mineral-, Pflanzen- und Tierwelt und im Verhältnis zu anderen Menschen erleben kann. Was webt zwischen uns? Welche Kräfte haben wir gemeinsam, die uns verbinden und stärken können?

Also vom Subjekt, vom kleinen Ich und dem subjektiven Gefühlserleben zu einem objektiven Wahrnehmen der Beziehungen zum Weltganzen hin, geht die seelische Reifung, die heute und in der Zukunft immer mehr angesagt ist.

Goethe hatte damit schon begonnen. In seiner Farbenlehre geht es nicht nur darum, ob einem eine Farbe gefällt oder auch nicht. Vielmehr kommt es auf die „sinnlich-sittliche" Erfahrung an, also auf die Qualität und Wirkung, die eine Farbe entfaltet und die in der Seele eine Entsprechung finden kann. Eine rein naturwissenschaftliche Betrachtung versachlicht dagegen die Außenwelt, in dem sie sie auf Maß, Zahl und Gewicht beschränkt. Eine seelische Anteilnahme wird so negiert. Die polare Einstellung hierzu ist eben das rein subjektive Agieren und Beurteilen, das persönliche Gefallen. In einer Betrachtungsweise wie sie Goethe vollzogen hat, wird eine Synthese gefunden, die beide Pole auf einer höheren Ebene zusammenbringen kann, denn Einseitigkeiten sollen ja überwunden beziehungsweise erweitert werden.

Die Beziehungsebenen gilt es daher zu objektivieren, wir sollen sie wahrnehmen und darin Qualitäten und Kräfte sehen, erleben und erkennen lernen. Dies kann dann Grundlage für eine Wissenschaft der Zukunft sein. Dabei fängt man am Besten mit einer Selbstbeobachtung an. Das eigene Seelische, die Interaktionen mit sich und der Welt, können so angeschaut werden, als ob man einem Fremden gegenüber steht und diesen erforschen will. Dadurch gewinnt man Abstand vom subjektiv-persönlichen Zentrum, vom kleinen menschlichen Ich. Erst dann können Fragen nach einem höheren Sein beziehungsweise nach dem Verhältnis mit dem Weltganzen, nach Schicksalsgesetzen, nach Beziehungsqualitäten, nach Krankheitsursachen und so weiter gefunden werden. Denn letztlich kann es keine physische Heilung geben, ohne eine seelisch-geistige Erneuerung. Jeder kann auf diesem Wege sodann seine eigene Berufung, seine Lebensaufgabe und seine seelischen Qualitäten und Archetypen herausfinden, die ihn mit seinem höheren Wesen verbinden. Eine Bewusstseinserweiterung geht damit einher, weil wir eine Steigerung unserer gewöhnlichen, subjektiven oder abstrakt-intellektuellen Anschauung durch eine beziehungsorientierte Wahrnehmung erwirkt haben. Goethe nannte sie die anschauende Urteilskraft.

Einen neue Kultur erfordert eben auch ein neues Bewusstsein beziehungsweise seelisch-geistige Qualitäten der Menschen, die wir selbst ausbilden müssen. Dafür gibt es natürlich auch schon Vorausstrebende, wie eben ein Goethe, ein Schiller und die „großen Geister" der Geschichte, die wie Sterne über einer Zeitepoche leuchten, um den Nachfolgenden Hilfen und Orientierung geben zu können, sei es in der Kunst, in der Wissenschaft, in der Religion oder im sozialen Leben.

Der heutige „Zeitgeist" möchte jedoch am liebsten von allen Traditionen, Verpflichtungen und Anforderungen losgelöst sein, denn sie haben natürlich etwas Bindendes und Forderndes an sich. Wer aber die Tradition verliert, verliert die Kultur, verliert, was eben von den Vorangegangenen, den „Vätern und Müttern", weitergegeben wird. Ohne lebendige Tradition und Kultur wird die Geschichte zwangsläufig nur noch in der Zeit altern und schließlich sterben. Die Kultur verbindet Vergangenes mit Zukünftigem. Natürlich müssen zu den Traditionen auch noch neue Impulse, die der jeweiligen Zeit entnommen sind, hinzukommen. Das Alte und das Neue treffen sich in der Gegenwart, im Hier und Heute, wo wir zu wirken und zu arbeiten haben.

Früher lebten die Menschen in einfacher beziehungsweise natur-
verbundener und gottesfürchtiger Weise, in einer dienenden
Haltung dem Gemeinwohl gegenüber. Eine ehrfürchtige und an-
nehmende Einstellung gegenüber dem lebendigen Geist und
eine pflegende und nährende Aktivität zu allem Natürlichen,
schafft schließlich Zufriedenheit und Sinn.

Diese Tugenden wären heute mit unserem Drang nach Unabhängigkeit und Freiheit in Einklang zu bringen. Das ist möglich,
denn der Christus-Ausspruch: „Wer sich verliert, wird sich
finden" – ist eine geistige Tatsache.

Sich hingeben an eine Arbeit, an ein Ideal oder an eine Gemeinschaft zum Wohle des Ganzen, lässt uns erst selber finden. Was
wir in Liebe tun, lässt uns zudem frei. Oftmals denkt man noch,
man kann nur frei sein, wenn man nur das tut, was einem Spaß
macht und nicht weiter einschränkt. Die Liebe zu einer notwendigen Aufgabe, zu einer Pflicht und Verantwortung, erhöht diese.

Die Mühen, die das Leben bereitet, sind nicht umsonst. Unsere
irdischen Entbehrungen und Einschränkungen können zu seelischer Stärke und Gelassenheit heranreifen und das ist viel mehr
als das Ausleben unserer Wünsche und Begierden, für die wir
immer auch verantwortlich sind und daher auch früher oder
später die „Rechnung" präsentiert bekommen. Ein Leben, bei
dem man mit sich selbst im Reinen ist, schenkt letztlich Zufriedenheit und Sinn, wenn dies zu erreichen, auch nicht immer
einfach sein mag.

Wenn solche Impulse und Ideale heute vielleicht auch nicht von
vielen Zeitgenossen wahrgenommen werden, so sind sie trotzdem
sehr, sehr wichtig.

Gemeinschaften, in einem solchem Geist begründet, sind ein
Jungbrunnen für die Erde. An möglichst vielen Orten sollen sie
entstehen und wie ein aurischer Gürtel aus Liebe und Achtung
voreinander und füreinander eine neue Kultur heraufbeschwören,
die geistige Impulse und Wesen mit den irdischen Aufgaben und
Nöten zusammenbringen kann.

Die Erde heilen

Die Erde ist eine lebender Organismus, der genauso wie alles Leben in der materiellen Welt einer Veränderung im Wachsen und Gedeihen, sowie im Altern und Sterben unterliegt. Etwa zur Zeit als Christi Leben und Tod auf der Erde stattfand, ist deren Lebensmitte überschritten worden, also unterliegt sie einem langsamen Sterbeprozess. Die Menschheit heute beschleunigt diesen natürlichen Prozess durch einen immensen Raubbau und den Einsatz naturschädigender Techniken und zivilisationsbedingten Abfällen.

Der Ruf nach einem Zurück zur Natur kann dann im großen Ganzen auch nicht genügend helfen, da die Erde zusätzlich noch mehr belastet würde. Allein die „Moden" des Pilze- und Kräutersammelns lässt einige Arten vom Aussterben bedrohen. Die Erde ist heute durch den immensen Raubbau teilweise so überfordert, dass sie sich ohne menschliche Hilfen an vielen Orten nicht mehr selbst regenerieren kann. Die Zunahme der Wüsten und unfruchtbarer Böden, sowie das massenhafte Aussterben von Pflanzen- und Tierarten, die Verschmutzung der Meere, die Zunahme von Erdbeben, Überschwemmungen und unnatürlichen Wetterschwankungen zeigen diesen bedrohlichen Zustand unserer Erde auf.

Die Erde heilen zu wollen, heißt somit in erster Konsequenz dann auch, den Menschen zu heilen. Die Heilung dafür kommt letztlich aus dem Geist, der im Menschen geboren werden will. Himmelskräfte sind in die Erde hineinzubringen, um ihr neue Kräfte zuleiten zu können. Der Mittler dafür ist der Mensch, der sich in seinem Geist-Ich gefunden hat und dadurch eine neue Einstellung zu sich, zu seiner Mitwelt und zur Mutter Erde gewinnen kann. Ein Heilungsgeschehen kann sich im weiteren in den folgenden Weisen zutragen.

Erstens ist eine Erkenntnis der Naturzusammenhänge zu erlernen und zu erforschen – eine Ökosophie, die in Achtung, Ehrfurcht und Liebe das Wesen in der Natur erfahren will. Wir dürfen der Natur und der Erde gegenüber vor allem Lernende sein, denn sie ist voller Weisheit und ihr Zusammenhang mit kosmischen Gesetzen, Kräften und Wesen lässt uns weit über unser irdisch gebundenes Denken und Erkennen hinauswachsen.

85

Gott sei Dank erlebt die alte Geomantie in unseren Tagen eine Art Renaissance, wo die ätherischen Kraftlinien und Kraftorte aufgesucht werden und dort versucht wird, mit dem Geist einer Landschaft in eine Kommunikation zu treten. Aus dem Wissen der ätherischen und astralischen Beschaffenheiten eines Raumes oder einer Landschaft lassen sich Heilungsmethoden gewinnen. Da wären die Arbeiten von Marco Pogacnik und anderen Vertretern der Geomantie und des Feng Shui zu nennen, da sie sehr hilfreich und wichtig für ein neues und erweitertes Bewusstsein im Umgang mit unserer Erde sind.

Wichtig ist vor allem auch ein soziales Miteinander mit den Naturwesen, den Elementar-, Pflanzen- und Tierwesen. Spirituell und ökologisch ausgerichtete Gemeinschaften können einen seelischen Ausgleich zu den sonstigen Zerstörungstendenzen schaffen, der bis in das Wettergeschehen positiv einwirken kann. Auch wäre in Zukunft wieder an neue Formen des religiösen Kultus in der Natur zu denken, wie das in katholischen Gemeinden früher in den Prozessionen über die Felder üblich war.

Doch vor allem geht es um die Arbeit an der Erde selbst. Die Erdenstoffe wollen verwandelt sein. Durch die biologische Landwirtschaft kann die Erde verlebendigt werden, zum Beispiel in einer sachgemäßen Kompostbereitung.

Eine natürliche und gesunde Wohnwelt ist ein weiterer Schritt, um immer mehr in ein Miteinander mit der Natur hineinzukommen.

Im Folgenden möchte ich einige Heilungsmethoden aufzeigen, die sicher nicht vollständig sind und nur eine kleine Anregung geben wollen.

Da wären die Präparate der biologisch-dynamischen Landwirtschaft zu nennen, die Planeten- und Sternenkräfte in die Erde einbringen helfen. Ein weisheitsvoller Umgang mit kosmischen Konstellationen ist für das Wachstum der Pflanzen zusätzlich zu berücksichtigen. Geistige Übungen in der Natur, wie zum Beispiel die Runen-Gymnastik oder Gebete, wie auch bestimmte Feuerzeremonien, wirken über den Menschen zudem in die Umgebung hinein.

Es wäre sinnvoll, wenn wir technikfreie und vor allem E-Smog freie Zonen einführen würden und auch im persönlichen Leben eine zeitlang auf alle künstliche Technik verzichten könnten.

Der Technik ist durch eine lebendige Geistkultur ein Gegengewicht zu setzen. Es geht darum, den Elementarwesen neue Räume zu schaffen, in denen sie wieder heimisch werden können, denn sie sind gerade die belebenden Faktoren in der Natur.

Es wäre wünschenswert, wenn sich ein Netzwerk bilden könnte, wo viele spirituelle und ökologische Zentren und Gemeinschaften beteiligt sind. Das würde neue geomantische Linien ausbilden helfen. Auch neue Kraftorte könnten so entstehen. Das Wissen voneinander, mit manchmal auch unterschiedlichen Vorgehensweisen, bestärkt auch oftmals das eigene Tun. Es gibt recht viele Impulse Einzelner oder kleiner Gruppen, die sich aber schwer tun, zusammen zu kommen. Jeder kocht oftmals sein eigenes Süppchen; aber gerade der soziale Bezug wird in eine wirkliche Zukunft weisen, da wir mit unseren sozialen und moralischen Fähigkeiten mit an der zukünftigen Erde bauen, dem sogenannten Jupiterzustand der Erde beziehungsweise dem Neuen Jerusalem.

Ein reifes und erwachsenes Umgehen mit der Mutter Erde ist zu erlernen. Unsere moralische Reife entscheidet über den Fortgang der Erde und der Menschheit. Neue und sanfte Technologien sind durchaus hilfreich. Die Technik und das Geld sollen dabei aber dienen. Die heutige technische Kultur bringt der Menschheit wenig wirklichen Gewinn, auf die Dauer immer mehr Probleme, wie zum Beispiel durch schädigende Frequenzen in der Mobilfunkindustrie, die zu zahlreichen sklerotisierenden Veränderungen im Lebensgefüge von Pflanzen, Tieren und Menschen führen können.

Die Technik liefert uns somit die Schwelle im neuen Jahrtausend. Wir können sie sinnvoll oder krankmachend und zerstörerisch anwenden. Sie prüft und korrigiert daher unsere Menschlichkeit und moralische Reife.

Zeigen wir echte Verantwortung für die Erde, so wachsen wir allmählich selbst zu Autoritäten heran, die in der Einfühlnahme beziehungsweise in einer empathischen Beziehung zur Mitwelt und natürlichen Umgebung, sich erst selbst in ihren seelisch-geistigen Qualitäten und Einzigartigkeiten und sich zudem in einem kosmischen Zusammenklang erleben lernen. Denn mit dem Mineral-, dem Pflanzen- und dem Tierreich sind wir auf der ätherischen, astralischen und geistigen Ebene sowieso verbunden.

Was kann nun der Einzelne beitragen zu einer gesunden Welt, wenn die größte Umweltzerstörung doch nur von den „Oberen", den Bossen in der Industrie und in der Politik eingefädelt wird?

Das erste wird sein, zu prüfen, wo und für was ich mein Geld ausgebe. Welche Produkte ich kaufe, da bin ich frei in meiner Entscheidung.

Des weiteren können wir Naturpatenschaften übernehmen. Sich verantwortlich fühlen für eine Gegend, ein Stück Wald, einen See, eine Wiese oder auch nur einen Baum. Dies lässt uns zudem besser heimisch werden.

Eine bewusste Naturwahrnehmung, innere Gespräche mit Pflanzen und Tieren, das Beten in und für die Natur, solche Tätigkeiten entfalten starke Heilungskräfte, die mit der Zeit eine tiefe Beziehung zu den Elementarwesen aufbauen werden. Wir sollen die Natur ja nicht nur zum Eigengenuss gebrauchen. Was geben wir ihr für all ihre Gaben und Geschenke an uns zurück?

Die Natur und die Erde will nicht nur beackert werden, sondern auch gepflegt sein. Das ist ein großer Unterschied. Je mehr Geist wir in uns aufnehmen durch Studium, Gebet und Meditation, um so mehr können wir davon der Erde geben. Vielleicht auch erst, wenn unser Leib beim Tode der Erde übergeben wird. Denn dieser ist ein Jungbrunnen für die Erde selbst.

Das Feiern und Miterleben der Jahreszeiten und Jahresfeste ist ein weiteres Mittel, um in Harmonie mit unserem Planeten zu kommen. Aber auch die Erkenntnisarbeit tut Not, die zerstörerische Kräfte und Techniken erfassen lernt, wie zum Beispiel die Gentechnologie und die damit einhergehende Manipulation des Lebens. Da soll keine Unterstützung, zum Beispiel durch unser Geld auf falschen Bankkonten, walten. Wir können damit viel besser umweltfreundliche Techniken fördern.

Fahrgemeinschaften und die Inanspruchnahme und der Ausbau des öffentlichen Verkehrs, das Einschränken des Flugverkehrs sind weitere Mosaiksteine, hin zu einer vernünftigeren Welt.

Der Schutz des Meeres, des Wassers und des Klimas sind Aufgaben, die wir nur in der großen Weltgemeinschaft, zum Beispiel über eine UNO nahe Institution, lösen können.

Ökologische „Oasen", die an vielen Orten zu gründen sind, wirken wie die Hefe im Teig und tragen zu einer Bewusstseinsänderung der Menschheit bei. Wer die Schönheit der Natur dankend und freudig ehren und achten kann, wird viel behutsamer, sorgfältiger und liebevoller mit ihr umgehen. Manchmal helfen dazu auch Reisen in ursprüngliche, naturbelassene Gegenden, die uns ein Staunen und eine Bewunderung abfordern können.

Wer an eine positive Zukunft denkt, muss zudem seinen Beitrag für eine Kindererziehung leisten, die kind- und naturgemäß ausgerichtet ist. Wir erziehen Egoisten oder soziale Menschen, aber nicht so sehr durch Belehrungen, wie durch unser eigenes Vorbild.

Was aber noch eine ganz wichtige Problematik für die allernächste Zukunft sein wird, ist unser Umgang mit den Tieren. Auf der einen Seite geschändet und misshandelt und auf der anderen Seite gehätschelt und verwöhnt. Die gesunde Mitte fehlt.

Unser Umgang mit der Natur und insbesondere mit den Tieren kommt immer auf uns zurück. Das zeigt sich zum Beispiel in der Vogelgrippe- oder BSE-Krankheit, die durch falsche Nahrung für die Kühe hervorgerufen wurde. Hormonbehandlungen und Antibiotika für die Tiere kommen über den Nahrungskreislauf zu uns Menschen zurück und bedingen gesundheitliche Veränderungen. Arzneimittel, die mit Tierversuchen hergestellt wurden, tragen das Leiden der Tiere in sich. Sie können deshalb den Menschen nicht wirklich heilen. Oftmals verhärten sich die Seelen bei öfterem und längerem Gebrauch solcher Mittel immer mehr. Der Leib mag vielleicht von seinen Symptomen befreit werden, der ganze Mensch verkümmert jedoch in seinem seelisch-geistigen Gefüge beträchtlich. Manche Tierversuche können sogar als Handlungen der schwarzen Magie bezeichnet werden, wo dann an lebenden, unbetäubten Tieren rumoperiert wird. Das Schneiden in lebendes Fleisch liefert nämlich ätherische Nahrung für bestimmte dämonische Wesen.

Gerade die Haltung und das Schlachten von Tieren soll human und menschengemäß erfolgen. Da kann man manchmal von alten Hochkulturen einiges lernen. Weniger Fleisch und vor allem Fleisch von natürlich gehaltenen Tieren wird dann auch unserer Gesundheit zugute kommen.

Die Tiere beziehungsweise die Tierarchetypen und Tierenergien sind auch Teile unserer menschlichen Seele und dies wird uns erst richtig bewusst, wenn wir erkennen, dass auch wir selbst ein Teil der großen Menschheitsseele, der kosmischen Allseele, der göttlichen Mutter sind. Der kosmische „Urmensch", der sogenannte Adam Kadmon beziehungsweise das geistige Urbild des Menschen hatte noch alle Welten, die Urbilder der Tiere, der Pflanzen und des Mineralischen in geistiger „Form", in astralischer und ätherischer Leiblichkeit in sich. Die Tierwelt wurde, biblisch gesprochen, durch den Sündenfall der Menschen mit in die materielle Welt gerissen, weil sich die menschliche Seele von ihrem kosmischen Urbild und Wesenskern entfernte, sonderte. Das ist die Ursünde, die Sonderung.

Um nicht in eine zu starke und dauernde Trennung von diesem Menschen-Urbild geraten zu müssen, wurde die Tierwelt ausgegliedert. Dadurch wurden dem Menschen Kräfte entzogen und gegenübergestellt, die ihm die Möglichkeit gaben und erlaubten, von bestimmten tierisch-seelischen Eigenschaften nicht so stark vereinnahmt zu werden. Eine Wolfskraft im Außen, in einem Wolf, nimmt als Beispiel viel von der Wolfskraft im Innern, mildert also das seelische Empfinden, so dass der Mensch überhaupt eine seelische Reifung und Entwicklung anstreben kann. Jedoch, wir sind dafür auch für die natürliche Welt mitverantwortlich. Der Mensch soll und kann deshalb die gesamte Kreatur miterlösen. Dabei geht es zunächst darum, das Tierische in sich selber kontrollieren, beherrschen und wandeln zu lernen. Dann braucht es nicht mehr im Äußeren bekämpft, geschunden oder verhätschelt werden.

Da kann man auch noch heute viel von alten Kulturen und schamanischen Heilern lernen. Überhaupt sind die indigenen Völker zu ehren, die noch einen Kontakt zum geistigen Umraum unserer Erde durch Tradition und Überlieferung bewahrt haben. In Zukunft wird das alte Wissen aber nicht ausreichen, um den zerstörerischen Tendenzen aus Profitgier und Größenwahn genügend entgegensetzen zu können. Wir müssen uns daher einen neuen Zugang zum Wesen der Erde erarbeiten. Eine christliche Hermetik baut deswegen auf alte Überlieferungen, die durch einen christlichen Geist in unsere heutige Zeit mit den vielfältigsten neuen Aufgaben transformiert werden. Zudem muss gesehen werden, dass die alte Schöpfung, die Vater-Mutter-Schöpfung, die den Menschen noch von außen trägt, zum Beispiel eben durch die Kräfte und Wesen der Natur, auf dem Rückzug ist. Eine neue Schöpfung, die des Sohnes, wird die Welt weiterführen und zwar durch den Geist im Innern des Menschen, der durch und über das freie, sich selbst bestimmende Menschen-Ich die Belange der Welt gestalten will. Der heilige Geist von „Oben" will den inneren göttlichen Funken im Menschen-Ich, im Menschenherzen entflammen. Daraus strömen Kräfte des Heils, die den ganzen Menschen durchdringen und wandeln wollen und von diesem aus die übrige Natur und Kreatur heilen, erneuern und erlösen können.

Die physisch-mineralische Erde trägt unseren Leib und bildet das Gerüst der Erdenwesenheit. Die Pflanzenwelt zeigt das Leben der Erde, die Tierwelt die seelischen Eigenschaften und Qualitäten und der Mensch die Bewusstseinsqualität des Erdenwesens. Wir sind also auch ein Teil der Erde. Durch den Menschen erkennt sich die Schöpfung letztlich selbst.

Durch diese Erkenntnisfähigkeit und unserem freien Willen besitzen wir aber auch die Freiheit, uns gegen das Natürliche bewegen beziehungsweise handeln zu können. Dieses Freiheitselement hat das Tier nicht. Wir sind dafür, im Gegensatz zum Tier, aber auch verantwortlich für die Schöpfung. Benützen wir unsere Freiheit nur, um dem persönlichen Egoismus und Eigengenuss zu dienen, so wird uns das karmische Gesetz einmal zur Rechenschaft ziehen und wir müssen für unsere Taten aufkommen, dafür „bezahlen".

Handeln wir aber nur um des Gesetzes willen gut oder aus Angst vor Strafen, so mag das zunächst ohne Konsequenzen für uns sein. Für eine seelisch-geistige Entwicklung reicht diese Haltung aber noch nicht aus. Zur Freiheit, die sich für ein Leben in Einklang mit der Natur entschließt, soll die Liebe hinzukommen.

Freiheit und Liebe: In der Liebe, die auf einem freien Willen beruht, trägt der Mensch den lebendigen Geist in sich. Damit können wir an uns selbst und für die Welt arbeiten.

Das Leben, die Seele und der Geist bilden zusammen eine Einheit, eine Ganzheit. Dazu gehört folglich dann auch die Mineral-, die Pflanzen- und die Tierwelt. Zerstören wir die natürliche Welt, so zerstören wir uns eben teilweise auch selbst in unserer feinstofflichen Ganzheitlichkeit und werden tatsächlich nur noch zu „intelligenten Tieren" oder manchmal auch zu Bestien. Wir haben die Freiheit der Entscheidung, an jedem Punkt, in jeder Lage.

Eine Heilung der Erde kommt also nicht mehr so stark von Außen, den Kräften der Natur selbst, sie kommt zukünftig vermehrt vom Inneren des Menschen, wenn er aus seiner Passivität und Abhängigkeit der äußeren Welt gegenüber erwacht. Nicht mehr das Außen, die Naturprozesse und Substanzen allein können ihn mehr heilen, sondern viel mehr das eigene Erkennen und die Liebefähigkeit, die wir in uns selbst erwecken dürfen. In unserem Ich, in unserem Innersten sind die Kräfte selbst verborgen, mit denen wir die Schöpfung weiterführen können. Wir finden sie, wenn wir auch in „aussichtslosen Lagen" den Glauben, die Hoffnung und die Liebe nicht verlieren.

Wenn auch der „Klimakollaps", die ökologischen Katastrophen drohen und kommen werden, wir Menschen selbst sind es, die mäßigend und heilend einwirken können, allein schon durch eine liebevolle Beziehung zu allem Geschaffenem, zu allem Sein. In diesem Sinne wollen die hier dargelegten Gedanken ein Weckruf sein.

Neue Rechte für die Menschlichkeit

Die Menschenrechte sollen die Menschlichkeit und damit das Gute im Menschen schützen und fördern. Den Menschen im Ganzen, also in seiner vollendeten Ganzheitlichkeit, können wir nur erfassen, wenn wir die Naturreiche und die geistigen Welten mit einbeziehen.

Der Mensch hat Anteil an der natürlichen Welt durch seine Leiblichkeit. Als Ich-Wesen ist er Teil der geistigen Welten. In seiner Seele soll er die Verbindung von Natur und Geist herstellen lernen.

Die geistige Welt schützt sich aber vor unreifen Eindringlingen durch strenge Regeln, die wir beachten müssen, wenn wir mit ihr in eine Begegnung eintreten wollen. Da gilt es dann seelische Tugenden und Qualitäten zu erwerben, die dem heutigen äußeren Leben oftmals fremd und altmodisch erscheinen. So benötigen wir zuforderst natürlich die Liebekraft, aber auch andere Eigenschaften, wie zum Beispiel Ehrfurchtkräfte und die Fähigkeit der inneren Ruhe, der Stille und des inneren Lauschens, sonst wird es nicht möglich sein, diese Welten in gesunder Weise aufzunehmen.

Die Naturreiche des Mineralischen, des Pflanzlichen, der Tierwelten und der Elementarwesenheiten benötigen dringend unseren Schutz. Verletzen wir diese, so zerstören wir auch etwas in unserer leiblich-seelischen Disposition. Dass da eine starke Wechselwirkung zwischen Mensch und Natur besteht, bestätigen schon allein die vielen Heilmittel aus dem Garten der Natur.

Wir haben die moralische Verpflichtung, einen gesunden Tier-, Pflanzen-, Wälder-, Gewässer- und Meeresschutz, also Paragraphen in unsere Menschenrechte beziehungsweise in das Grundgesetz hineinzunehmen, die nicht nur die Würde des Menschen, sondern auch das natürliche und artgerechte Leben der Tiere, sowie die Reinhaltung der Luft und der Erde, wo ebenfalls Lebewesen existieren, rechtlich zu schützen. Eine neue Epoche der Menschheit kann mit solch erweiterten Menschenrechten heraufziehen. Dann wird erst wirklich ein neues Jahrtausend, eine neue Zeit beginnen können. Zuvor sind da natürlich noch einige Hürden und Klüfte zu überwinden. Alte Denk- und Verhaltensschablonen sind dafür abzubauen. Geschieht dies nicht, so wird die Natur immer mehr unser Verhalten an ihr aufzeigen müssen. Wir ernten eben, was wir gesät haben durch unser einseitiges und ich-bezogenes Denken, Fühlen und Handeln. Die Kurzsichtigkeit beziehungsweise das Nichtsehen oder einseitige Sehen, nur vom eigenen Standpunkt aus, kann nicht in eine gesunde Zukunft, sondern längerfristig nur in die Krankheit hineinführen.

Wir sind als menschliche Lebewesen keine abgeschlossenen Systeme, sondern mit dem gesamten Weltall existentiell verbunden. Neue Werte und ein gesundes Verantwortungsgefühl sollen dem Ganzen gegenüber errungen werden. Das mahnen die kosmischen Planetenstellungen in heutiger Zeit. Die ganze Erde, unsere nationalen und kulturellen Gesellschaften mit ihren sozialen Formen wie auch das gesamte persönliche Leben und zwar bis in den Alltag hinein, soll von diesen neuen Werten erweitert sein.

Jedem Menschen muss ein Recht auf freie Arbeit, auf eine gesunde Wohnung und auf ein Grundeinkommen gewährleistet werden, das ihm die grundlegenden materiellen Bedürfnisse befriedigen hilft, wenn er nicht selbst dafür sorgen kann. Erst dann kann sich der Mensch nach seinen individuellen Fähigkeiten entfalten und sozial aktiv sein. Eine neue soziale Kultur wird daraus hervorgehen.

Die Einkommen können in der Folge dann immer mehr von der Arbeit beziehungsweise von der Leistung entkoppelt werden. Wir kennen ja alle das Gleichnis in der Bibel von den Arbeitern im Weinberge des Herrn, wo alle das gleiche Geld verdienen, trotz unterschiedlicher Arbeitszeiten. Ich muss zugeben, dass ich das früher als ungerecht empfunden habe, wenn einer doch viel mehr arbeitet, er aber das gleiche Entgeld bekommt, wie jemand, der viel weniger gearbeitet hat. Heute muss ich sagen, dass wir wahrscheinlich alle durch unsere Erziehung und Kultur so auf Leistung getrimmt sind, dass wir die göttliche Handlungsweise kaum mehr verstehen. Gott zahlt eben nicht nach Leistung, sondern nach dem Bedarf der einzelnen Menschen.

So könnte dann auch im praktischen Wirtschaftsleben ein immenser sozialer Prozess stattfinden, der den Bedarf der Mitglieder einer Gemeinschaft austarieren und bestimmen hilft. Natürlich kann nur so viel verteilt werden, wie erwirtschaftet wurde. Soll es der Gesamtheit zu Wohlstand gereichen, muss jeder seine Fähigkeiten und Leistungen einbringen, nun aber zum Wohle des Ganzen und nicht nur für den eigenen Geldbeutel.

Welch riesige soziale und zwischenmenschliche Wachstumspotentiale dies beinhalten würde, kann nur erahnt werden. Auf jeden Fall würde sich eine ganz neue Welt und ein geschwisterliches Zusammenleben eröffnen, wenn die Gesamtheit, zum Beispiel in einer Wirtschaftsgemeinschaft, für den Einzelnen sorgen kann, je nach seinem Bedarf und nach der wirtschaftlichen Möglichkeit bemessen.

Heute wird gerade der Ruf nach einer individuellen Absicherung, zum Beispiel bei den Renten- oder den Krankenversicherungen, immer lauter. Das ist jedoch der verkehrte Weg, denn es ist eine Illusion zu glauben, wir könnten alleine für uns selbst sorgen. Der Solidaritätsgedanke hat die Menschheit in der Geschichte immer weiter gebracht und er wird es auch in die Zukunft hinein immer stärker tun müssen, wenn nicht die Gesellschaft noch mehr gespalten werden soll. Was aber den Unterschied zu früheren Zeiten ausmacht, ist, dass dieses soziale Element nicht mehr nur von „Oben" delegiert werden kann. Jeder Einzelne hat daher ein soziales Bewusstsein auszubilden und sich diesem entsprechend in das Gemeinwohl einzufügen. Die Richtung beziehungsweise die Gestaltung von oben nach unten, wo Wenige sagen und bestimmen, wie es in der Gesellschaft aussehen soll, ist an ein Ende gekommen und kann, langfristig gesehen, nur noch in einer Sackgasse enden, wie dies bei unseren Sozialversicherungen anfänglich heute schon zu sehen ist, wenn diese den Solidaritätsgedanken ablegen und nur noch auf die private Vorsorge bauen. In Zukunft kommt es darauf an, mehr eine horizontal geebnete Beziehungs- und Arbeitsweise hinzukriegen, wo jeder gleichberechtigt am sozialen Leben teilhaben kann.

Ein einseitiger Individualismus im Bereich des Wirtschaftlichen, wie im neoliberalen Kapitalismus, ist total verkehrt, da die materiellen Bedürfnisse eigentlich durch ein nachhaltiges und assoziatives Wirtschaften, das die Umwelt schont, befriedigt werden sollen. Der Individualgedanke gehört in das Gebiet des Kultur- und Geisteslebens hinein, wo jeder seine Fähigkeiten selbstbestimmt entwickeln soll. Gerade die Kreise in der Politik, die das Soziale aus der Wirtschaft verbannen möchten, also die, die die Wirtschaft nach reinen Marktgesetzen liberalisieren wollen, versuchen in den Bildungseinrichtungen, in Schulen und Universitäten, die staatliche Willkür so zu forcieren, dass die Menschen darin immer stärker nur noch zu Spezialisten für die Wirtschaft „verbildet" werden. Der Mensch wäre zukünftig folglich nur noch etwas wert, wenn er für die Wirtschaft taugt, wenn er also „nützlich" ist.

Welch menschenfeindliches Denken da eigentlich dahintersteckt, ist den Wenigsten wirklich bewusst. In der Natur dient jedes Lebewesen dem Ganzen. Da gibt es keine „Unkräuter". Die sind nur in den Köpfen der Menschen, die alles nach persönlichem beziehungsweise nach egoistischem Gebrauch und Verlangen ermessen und danach einrichten wollen.

Eine neue Zeit wird kommen. Die menschliche Individualität, der Individualismus, ist heute bei den westlichen Menschen so weit gestärkt und fortgeschritten, dass diese mündigen Bürger sich nicht mehr so leicht von den Plänen der Mächtigen bezwingen lassen. Es gibt sie aber, die dunklen Mächte in den Chefetagen mancher Banken und Großkonzerne oder in einflussreichen Regierungspositionen, die den Einzelnen nur zur eigenen Profitsteigerung und Machterhaltung vor den „Karren" der Wirtschaft spannen möchten. Die Kraft des freien Ichs, das sich mit anderen verbunden weiß, ist im Endeffekt jedoch stärker als alles Geld und alle Waffen, bloß glauben viele Menschen noch nicht daran und fühlen sich oftmals ohnmächtig bei all den unguten Tendenzen der heutigen Zeit, die vor allem auch von gewissen Wirtschaftsinteressen ausgehen. Die Geschichte hat aber immer wieder gezeigt, zum Beispiel durch Menschen wie ein Mahatma Ghandi, Nelson Mandela und vielen anderen, dass Zivilcourage und das Einstehen für seine Ideale und Werte nicht umsonst ist.

In den kommenden Jahren wird vor allem ein vielfältiger Austausch, werden echte Begegnungen und Gespräche zwischen „Oben und Unten", zwischen Arm und Reich, zwischen Unternehmern und Angestellten, zwischen Politikern und Bürgern, die eines guten Willens sind, stattfinden müssen, um allmählich ein gleichwertiges Geben und Nehmen erreichen zu können. Arme und Reiche, Gesunde und Kranke, Alte und Junge, Unternehmer und Arbeiter, Männer und Frauen und so weiter, das sind ja auch Polaritäten, die sich entweder gegenseitig ausschließen oder ·bekämpfen, eben als Gegensätze oder sich als Ergänzungen begreifen und sich daher verständigen und zusammenarbeiten können. Unser Nehmen wird nur dann von Freude erfüllt sein, wenn wir gleichermaßen bereit sind, auch aus vollem Herzen zu geben.

Die Menschen werden zukünftig immer stärker ihre Arbeit nach tatsächlichen Bedürfnissen ausrichten und an dem Ort, wo sie ihre Fähigkeiten am Besten einbringen können. Durch eine notwendige und sinnvolle Arbeit brauchen die Erde und die Naturreiche nicht mehr so stark geplündert werden, denn eine Wegwerfgesellschaft, die produziert, nur um die Wirtschaft noch mehr wachsen zu lassen, wird in keine gesunde Zukunft führen.

Das Recht auf freie Bildung muss jedem Menschen zustehen. Dafür sollen die Bildungseinrichtungen von staatlicher Einflussnahme oder von Seiten der Wirtschaft befreit werden. Da gäbe es zum Beispiel die Möglichkeit eines Bildungsgutscheines für jedes Kind und jeden Auszubildenden, die dann die ihnen entsprechenden Schulen und Ausbildungsstätten auswählen können. Alle Schulen wären dann selbstverwaltet und was die finanziellen Mittel anbelangt, völlig gleichgestellt. Der Staat hat dann nur noch die Pflicht, zu sorgen, dass demokratische und menschenrechtliche Rahmenbedingungen eingehalten werden.

Das Geld soll und wird zukünftig sozial und gerecht verteilt werden. Mit dem Geld sollen selbst keine Geschäfte mehr gemacht werden können. Geld ist kosmologisch gesehen eine Stier-Angelegenheit, also zum Tierkreiszeichen Stier zugehörend, wo es einen Gegenwert für eine natürlich Sache oder Dienstleistung darstellt. Das Geldproblem wird gelöst, wenn es nicht selbst als Arbeitsmittel oder als Ware gebraucht werden kann, also nicht so, dass das Geld für jemanden arbeitet, der es nur spekulativ anlegen will. Die Abschaffung des Zinzeszins und die Alterung des Geldes wirken so, dass das Geld vermehrt in den Wirtschaftskreislauf gebracht würde, dahin, wo es gebraucht wird. Heute wird es zumeist gehortet und als Anlage benutzt und zwar dort, wo es am meisten Gewinn bringt und nicht da, wo es dem Wohle des Ganzen dient.

Geld ist ursprünglich ein Tauschmittel, ein Gegenwert für die erbrachte Leistung und kein Selbstzweck. Die Leistung will in die Gemeinschaft einfließen. Die Gemeinschaft der wirtschaftlich Tätigen empfängt den Gewinn und verteilt nach Bedarf, nicht nach Leistung an die einzelnen Mitglieder. Rudolf Steiner hat dies in seinem sozialen Hauptgesetz prägnant formuliert:

„Das Heil einer Gesamtheit von zusammenarbeitenden Menschen ist um so größer, je weniger der einzelne die Erträgnisse seiner Leistungen für sich beansprucht, das heißt, je mehr er von diesen Erträgnissen an seine Mitarbeiter abgibt, und je mehr seine Bedürfnisse nicht aus seinen Leistungen, sondern aus den Leistungen der anderen befriedigt werden".

Unsere Wirtschaft ist heute so arbeitsteilig geworden, dass wohl kaum ein Mensch ganz allein seine Bedürfnisse stillen kann. Wir brauchen die Arbeit und die Leistungen der Mitmenschen, um vollwertig als ganzer Mensch, auch als soziales Wesen, leben zu können. Eine Rechtssphäre soll im Staat und in der Gemeinschaft von zusammenlebenden Menschen so gestaltet sein, dass alle Individuen mit den gleichen Chancen in der Gesellschaft ausgestattet sind. Natürlich sind die Menschen nicht gleich, der eine hat andere Begabungen als der andere. Trotzdem muss jeder die Möglichkeit besitzen, nach seinen inneren Impulsen und Talenten heraus, das in sich zu entwickeln, was er selbst für richtig hält. Erst dann entsteht eine Gleichheit vor dem Gesetz, wo jeder, ob arm oder reich, dumm oder gescheit, gesund oder krank, nach seinen eigenen Bedürfnissen und Begabungen sein Leben frei gestalten kann. Dann ist doch erst wirklich die Würde des Menschen gewahrt.

Jeder arbeitet nach seinen Möglichkeiten, als Arbeiter oder Unternehmer, als Erfinder oder Forscher, als Künstler oder Priester und so weiter. Die Arbeitswelt ist so vielfältig, dass es darin für jeden Menschen einen passenden Platz geben kann.

Folglich braucht es auch keine Arbeitslosigkeit mehr zu geben, denn die Arbeit kann viel besser verteilt werden. Wir arbeiten ja nicht mehr für das Geld allein, sondern vor allem auch, um unsere Fähigkeiten, also unser Menschsein, in die Gemeinschaft einzubringen. Schon heute würde statistisch gesehen eine tägliche Arbeitszeit von zwei bis vier Stunden genügen, wenn alle arbeitsfähigen Menschen am Arbeitsprozess teilnehmen könnten, wenn also die Arbeit verteilt würde, denn unsere Produktionsmöglichkeiten sind technisch so weit entwickelt, dass Maschinen vieles von dem erledigen, wo früher viele Menschenhände notwendig waren.

Allein schon eine ganz einfache Möglichkeit, um die Arbeitslosigkeit abzuschaffen, wäre, wenn man zum Beispiel jedes zehnte Arbeitsjahr als Freijahr einführen würde. Dann wäre das Arbeitslosengeld sinnvoll investiert, entweder für einen Urlaub, für ein gesundheitliches Auftanken oder für Weiterbildungen. Nach so einem freiwilligen Jahr der Pause auf dem Niveau des Arbeitslosengeldes, wäre neue Motivation und auch neue Kraft für das Arbeitsleben vorhanden. In einem lebenslangen Arbeitstrott geraten die menschlichen Impulse allzu leicht unter die Räder. Man arbeitet oftmals nur noch für das Geld. Eine freie Zeit würde sicher neue Impulse bringen können und der Staat wäre mit keinen größeren Ausgaben belastet als den heutigen durch die große, teure und oftmals recht diskriminierende Arbeitslosigkeit. Es gibt ja nicht nur die Arbeit, um unsere materiellen Bedürfnisse zu befriedigen. Eine Arbeit an unseren menschlichen Beziehungen, an der Natur und ihren Wesen und die Arbeit an sich selbst, ja, dafür wäre natürlich viel mehr Zeit übrig.

Durch die ganze Arbeitshektik und Profitgier, dem Streben nach noch immer mehr, immer größer, immer reicher, wird unser Leben nicht schöner und besser. Wir werden mit der Zeit eher kränker und unzufriedener. Wann begreifen wir das denn endlich?

Wer sagt denn, wir müssen uns diesen aberwitzigen Globalisierungstendenzen ohnmächtig unterordnen, wo nur noch das Wirtschaftswachstum beziehungsweise das Bruttosozialprodukt zählt, dabei die Erde geschändet und wir Menschen immer mehr versklavt werden. Wer sagt denn, wir müssen uns vor den ahrimanischen Einflüsterungen der Konkurrenz- und Wettbewerbsdoktrien, von Ängsten und Mangelbefürchtungen einschüchtern lassen und beugen?

Keine Macht der Welt kann den freien Menschen zwingen, seine selbstbestimmte und selbsterkannte Richtung im Leben aufzugeben, außer er selbst allein, wenn er kein Vertrauen in sich und in die Wahrheit des Lebens findet. Jeder Mensch wird nur dann in seiner Menschlichkeit wachsen und reifen können, wenn er seine individuellen Fähigkeiten erkennen, ausbilden und ausleben kann. Die geistige Welt, der Geist der Wahrheit und der Erkenntnis und die Liebe zum Leben wird uns dabei beistehen. Die Treue zu diesem Geist schenkt uns schließlich Zuversicht, Kraft und Vertrauen für eine Zukunft, die dem Wohl des Ganzen und damit auch dem des Einzelnen dienen kann.

Im Tempel des Lebens

Wenn wir es vermögen, das soziale Leben so zu gestalten, dass sich darin kosmische Prinzipien und Gesetze spiegeln können, wird eine soziale Architektur, ein lebendiger Tempel geschaffen, in dem das Leben der Menschen und das Leben des Geistes in Einklang kommen können.

Ein Jahrtausend ist zu Ende gegangen. In dem neuen werden neue Qualitäten und Fähigkeiten benötigt. Das erste Jahrtausend unserer Zeitrechnung stand numerologisch unter der Zahl Eins und trug noch eher einen magischen Charakter. Die Könige waren noch Herrscher aus Gottes Gnaden und bildeten eine Einheit mit ihrem Volk. Das zweite Jahrtausend unterstand der Zahl Zwei, wo dann immer stärkere Spaltungen zwischen dem Volk und den Regierenden eintraten, aber auch zwischen Religion und Staat oder auch zwischen konkurrierenden Religionen und Konfessionen. Im dritten Jahrtausend soll sich in der Dreier-Qualität wiederum etwas Verbindendes herausentwickeln, das die Gräben heilen und schließen kann. In den Versuchen der Ökumene sehen wir darin erste Ansätze auf dem Gebiet der Religion. Es wird also darum gehen, dass zum Beispiel zwischen der Politik und dem Volk kein Abgehobensein der Politiker und damit ein Gegeneinander besteht, auch nicht zwischen einzelnen Interessensgruppen, wie der Wirtschaft und der Kultur, sondern dass wir möglichst immer mehr zu Konsensentscheidungen hinfinden, an denen alle Beteiligten mitwirken können.

Das Volk soll dann nicht nur seine Repräsentanten wählen können, sondern in konkreten Fragen, die es existentiell betreffen, wie Fragen der Gesundheit, des Friedens und der Menschenrechte, mitbestimmen können. Eine Volksgesetzgebung, in vernünftigem Sinne ausgeführt, wäre zum Beispiel eine Möglichkeit, mehr Selbstbestimmung, also eine aktivere Demokratie ermöglichen zu können.

Der Staat hätte dann lediglich die Aufgabe der Vermittlung zwischen verschiedenen Interessensgruppen zu verrichten. Nicht ein Herrschen des Staates beziehungsweise der Regierenden ist mehr angesagt, sondern ein Kommunizieren, Ausgleichen und natürlich der Schutz der einzelnen Bürger vor Machtmissbrauch und den gesundheitlichen Gefahren aus Technik und einseitigem Wirtschaftsgebaren.

Die Verflechtungen zwischen Politik und Wirtschaft, aber auch zwischen Kultur, Wirtschaft und Politik steigern die Vorteilsnahme und Korruption, nicht aber ein gesundes soziales Klima. Erst wenn diese Bereiche sich nach eigenen Prinzipien und Ordnungen selbst gestalten können, ohne Einflussnahme einer übermächtigen Wirtschaft, wie dies heute meistens geschieht, werden alle drei Bereiche und damit das Ganze gesunden können.

Aus dem Westen, den USA, kommt der Impuls für die Freiheit. Nicht ohne Grund steht in New York die Freiheitsstatue. Freiheit in der Kultur, in der Bildung und Religion, wie in der persönlichen Selbstverwirklichung sind dabei die Forderungen. Diese Freiheitsmission soll sich auf die ganze Welt ausdehnen. Die Freiheit des Individuums wird somit zum Maß aller Dinge. Nur wäre dabei zu beachten, dass diese Freiheit nicht in einer Konsum- und Vergnügungsfreiheit stecken bleibt, sondern wirklich der seelisch-geistigen Entwicklung der Einzelnen dienen kann. Die Gemeinschaft sorgt dafür, dass der Einzelne seine individuellen Fähigkeiten frei entwickeln, ausbilden und anwenden kann. Sie darf daher nicht mehr bestimmen wollen, was die Einzelnen zu leisten haben.

In Asien, wie auch im Osten Europas, soll sich die Brüderlichkeit beziehungsweise die Geschwisterlichkeit herausbilden, und dies vor allem in den materiellen und seelischen Bedürfnisbefriedigungen. Ein Gemeinschaftssinn soll erstehen, wo die einzelnen Mitglieder das Wohl des Ganzen im Auge haben und dafür einstehen. Wenn jeder schaut, dass es seinem „Bruder" zu Wohlstand gereicht, wird es dem Ganzen zu Wohlstand gereichen. Die Menschen sollen lernen, auf die Bedürfnisse der Anderen zu achten. Wie kann ich teilen, wie kann ich meine Fähigkeiten einsetzen, damit es dem Mitmenschen und der Welt am Besten ergeht?

Ein neuer Sozialimpuls kann erstehen, der aber nicht von Oben delegiert und gelenkt sein darf, sondern der aus den Herzen der Menschen entspringen soll. In den Menschen des Ostens liegen diese sozialen Keime im Innern verborgen und warten darauf, vom Zeitgeist geweckt zu werden. Leider sieht dieses Aufwachen heute manchmal eher wie ein Aufrütteln unter starken Schmerzen und Leiden aus. Noch wirken alte Kräfte hemmend und zerstörend. Gerade in Russland wird sich zeigen müssen, ob zukünftig geistige Impulse und Kräfte zunehmend stärker aufgenommen werden.

In der okkulten Lehre kennt man die Säule der Strenge und die Säule der Gnade. Öffnen wir uns freiwillig für die geistige Welt, so kann der Gnadenstrom wirken. Wenn wir meinen, wir könnten tun und lassen, was wir wollen, so fallen wir unter das Schicksalsgesetz und müssen uns für alle Taten und Verhaltensweisen verantworten. Das Karmagesetz ist dann unser Richter und Erzieher.

Der amerikanische Freiheitsimpuls beziehungsweise der „American way of life", wenn er ohne den Impuls des „Brüderlichen" einseitig ausgelebt wird, trägt Früchte in sich, die nur den persönlichen Egoismus stärken und mit der Zeit zu Einseitigkeiten und krankmachenden sozialen Verhältnissen führen müssen. In einem solidarischen Sinne ist heute daher vor allem auch an den Umgang mit ärmeren Ländern und an die unterdrückte Naturwelt zu denken. Hier können wir, menschheitlich gesehen, unsere sozialen Impulse ausbilden und stärken lernen, wie natürlich auch zwischen den sozialen Ungleichgewichten innerhalb vieler Gesellschaften.

Der Osten schafft es ohne die Hilfe des Westens und vor allem ohne Mittel-Europa alleine nicht, von den gewaltigen Negativtendenzen frei zu werden, die eine „kommunistische" Unterdrückung mit sich brachte, obwohl dort oftmals tief religiöse und künstlerische Fähigkeiten im Seeleninnern schlummern und zu heben sind. Es bedarf zur Weckung dieser Impulse der freien Ich-Kraft, die in Mittel-Europa herangebildet werden soll.

In der Zeit des deutschen Idealismus wurden die geistigen Grundlagen für eine Ich-Kultur entwickelt. Der Nationalsozialismus dagegen versuchte es, diese Geistesentwicklung in Mittel-Europa zu zerstören. Die leninistische und stalinistische Diktatur wiederum, versuchte in Russland alles Religiöse und Geistige aus den Seelen auszumerzen. Daher ist heute und in Zukunft eine Begegnung russischer und mitteleuropäischer Kulturen und Menschen um so stärker zu forcieren. Eine gegenseitige Befruchtung wird erst wirklich in eine geistige Erneuerung und gesunde Zukunft führen können.

In Europa soll sich vor allem die Gleichheit ausbilden können. Vor dem Recht, vor dem Gesetz sollen alle erwachsenen Bürger gleich sein. Das setzt ein Erkennen der Gleichwertigkeit voraus. Diese Erkenntnisfähigkeit ist durch eine Ich-Entwicklung möglich, weil wir erst im Ich die Möglichkeit zu etwas Einzigartigem besitzen, das eben jedem Menschen zusteht. Wenn ich mich als einzigartiges Ich selbst erkenne, stehe ich dieses auch dem Nächsten zu. Daraus wird ein Demokratieverständnis erwachsen können, das die Intentionen jedes Einzelnen abwägen und beteiligen lassen möchte und nicht mehr so wie heute, dass oftmals nur die Mächtigen, die „Eliten" oder nur eine manipulierte Mehrheit bestimmen können. Denn das schafft Spaltungstendenzen und ein rechtliches Ungleichgewicht. Vielmehr soll zuerst einmal das Verbindende gesucht werden.

Zwischen These und Antithese zu entscheiden, bleibt auf einem niederen Niveau stecken. Erst die Synthese findet eine Lösung, wo alle Teile auf einer höheren Ebene zusammen kommen können. Der deutsche Philosoph Hegel hatte dafür die philosophischen Grundlagen geschaffen. Goethe wandte dieses Prinzip im Wissenschaftlichen an. Wir dürfen es im politisch-praktischen und sozialen Leben anwenden lernen, wo es zunächst um Kompromisse und dann um Lösungen gehen kann, die über das bisherige Umsetzen von Schlichtungen, Abstimmungen und Wahlen weit hinausgehen können. Dazu muss man aber von den bisherigen einzelnen Standpunkten und Positionen loslassen, um eine höhere Ebene erringen, eine Metamorphose durchmachen zu können. Dies geschieht heute meistens leider nur durch Schmerzen, nicht durch Einsicht, wenn man nur einmal die skurrilen Machenschaften bei gewissen Großprojekten im Bauwesen oder auch die interessenbehafteten Aktionen der Bankenrettungen in den Euroländern betrachtet. Solange sich Befürworter und Gegner nicht bewegen und von ihren Standpunkten loslassen, wird es keine wirkliche Erneuerung, keine Metamorphose hin zu einer ganz neuen Lösung, zu einer neuen Gesellschaftsstruktur und sozialen Plastik geben können.

In diesem Sinne soll und kann Europa auch zwischen den Ländern des Ostens und des Westens vermitteln, verbinden und deren geistig-schöpferische Impulse integrieren lernen. Immer ist also bei Unterschieden und Differenzen ein drittes Element, ein Verbindendes zu suchen, das beide Standpunkte annehmen, erhöhen und damit integrieren kann.

Die Überwindung von extremen und veralteten Formen der Gemeinschaftsbildung, wie sie im Nationalismus, im Rassismus und der Zugehörigkeit zu einem Stammes- oder Familien-Clan beziehungsweise zu einer Vereinigung, die sich an die niederen Triebe und Begierden im Menschen wendet, wie die kriminellen

Vereinigungen es sind, kann nur durch das Ausbilden und Ergreifen des Ichs im einzelnen Menschen vollzogen werden. Dies ist oftmals aber kein einfacher Weg, denn zum Selbsterleben des Ichs gehört auch der Gang durch die Einsamkeit, durch den Selbstzweifel und die Ernüchterung, bis wir lernen, dass sich das Ich erst in der Verbindung mit dem Welten-Ich zu seiner wahren Größe erheben kann. Diese Ich-Entwicklung beinhaltet ein moderner und zeitgemäßer Schulungsweg zum Geist, der individuell beschritten werden kann, aber auch menschheitlich als Ganzes im Laufe der zukünftigen Kulturepochen gegangen werden muss.

Jemand, ein hoher Weiser und Eingeweihter, kann mir raten und den Weg zeigen, wohin es gehen kann, er darf mir aber nicht mehr sagen, was ich zu tun habe. Die Selbstsetzung und Selbstbestimmung ist entscheidend.

Freiheit, Gleichheit und Brüderlichkeit. Diese drei großen Impulse durchziehen die Welt. Die Dreiteilung beziehungsweise die Dreigliederung darf aber nicht so aufgefasst werden, als wären es drei getrennte Teile, denn alles wirkt zusammen und ineinandergreifend, so wie Kopf, Herz und Hand verschieden sind, aber trotzdem im Menschen zusammenarbeiten.

Diese Dreigliederung der verschiedenen Impulse in Asien, Europa und Amerika, sie soll und kann sich als geistiges Prinzip auch in jedem anderen Land, in jeder Gesellschaft und Institution verwirklichen, ja sogar bis in die kleinste Lebensgemeinschaft hinein. Das göttliche Prinzip der Dreiheit möchte das gesamte Sein durchdringen und darin den ihr gemäßen Platz finden.

Die Dreigliederung als Ganzes, in jedem Land verwirklicht, bedeutet eine Gesundung und Heilung vom alles beherrschenden Prinzip des Einheitsstaates, worunter wir heute vor allem leiden, wenn man nur die unheilvolle Verquickung von Politik, Wirtschaft und Kapital betrachtet. Ein freies Geistes- und Kulturleben, das sich selbst verwaltet, ein Staatswesen, das auf die Gleichheit jedes mündigen Bürgers vor dem Gesetz, vor dem Recht bauen will und eine Wirtschaft, die solidarisch umgehen kann mit den Bedürfnissen von Mensch, Erde und Natur, diese neue Form einer gesellschaftlichen Struktur für den sozialen Organismus, sie wird die Menschen zum Guten hin verwandeln können und Frieden schaffen zwischen den Völkern und Staaten.

Wenn wir die Freiheit in der Kultur ermöglichen, was die Bildung, die Religion, die Sprache und die Kunst betrifft, braucht es keine

Diskrepanzen mehr zwischen einzelnen Volks- und Kulturgruppen zu geben. Die Gleichheit vor dem Recht, ob arm oder reich, ob eine starke Lobby dahintersteht oder eine Einzelner allein, eine Gleichbehandlung vor dem Gesetz schafft erst soziale Gerechtigkeit, denn die Lebensgesetze in einer wirklichen Demokratie werden von allen mündigen Bürgern geschaffen und bestimmt, durch Wahlen und hoffentlich bald auch durch eine Volksgesetzgebung, wo in Fragen, die alle Menschen betreffen, eine Mehrheit entscheiden muss, wohin sich die Zukunft entwickeln soll, wo dann aber auch alle durch diese Abstimmung gleichermaßen betroffen sein werden.

Die „Brüderlichkeit" im Wirtschaftsleben kann erst dafür sorgen, dass alle am gemeinsamen Wohlstand teilnehmen können. Wenn es allen gut gehen soll, wird auch jeder Einzelne motiviert sein, seinen Beitrag zum Wohle des Ganzen bringen zu wollen. Jeder Einzelne wird dafür gebraucht. Jeder hat seine individuellen Fähigkeiten, die er in einem der drei großen Bereiche des Lebens, in der Kultur, im Staat oder in der Wirtschaft, einsetzen kann.

Wir nähern uns langsam diesem Zeitalter der Brüderlichkeit, dem sogenannten Wassermannzeitalter beziehungsweise der Gemeinde zu Philadelphia, wie diese Zeit in der Apokalypse des Johannes genannt wird. Sicherlich sind dahin noch viele Hürden und Egoismen zu überwinden. Doch Keime sind gelegt und zarte Pflänzchen rühren sich an manchen Orten schon.

Entweder wir lassen uns von den Verlockungen aus der „Brot und Spiele"- Kultur berieseln und verlieren langsam aber sicher die freie Kraft des Ichs oder wir verbinden uns mit dem führenden Zeitgeist Michael, der die Menschheit wieder mit den geistigen Prinzipien im Kosmos verbinden will. Ein verführerischer und vereinnahmender Volks- oder Zeitdämon kann eben nur durch den guten Volks- und Zeitgeist überwunden werden. Dafür muss man einstehen und versuchen, deren Impulse ins Leben zu tragen und umzusetzen, wenn vielleicht auch erst im Kleinen, an dem Ort, an dem jeder Einzelne steht und wirkt.

Wird das Gute siegen?

Die gesellschaftliche Entwicklung geschieht in einem rasanten Tempo. Die Technik und die Informationsflut nehmen immens zu. Das sind natürlich alles Signaturen der Wassermannzeit, also gehören sie auch in unsere Zeit. Die künstliche Intelligenz und der technische Machbarkeitswahn, die Mechanisierung alles Lebendigen, die Intellektualisierung und Rationalisierung, die vor nichts mehr halt machen, das sind nur Ausschnitte, die ersten Äußerungen der vordergründigsten, der mehr sinnlich-irdisch ausgerichteten Qualitäten des Wassermanns, zu denen unter anderem auch eine große Erfindungsgabe, neue wissenschaftliche Errungenschaften wie die Quantenphysik, aber auch ein Reformgeist und damit verbunden, vielfältige Neuerungen des gesellschaftlichen Lebens in Politik, Kultur und Ökologie, sowie ein individueller Bewusstseinswandel, hin zu freiheitlichen und humanistischen Idealen gehören. Unser individueller Umgang mit diesen Attributen ist dabei das Entscheidende.

Wir können jedoch noch so gute Gedanken und Theorien für eine schöne und bessere Welt aufstellen, ob sie aber entscheidend in die Lebenspraxis eingreifen können, hängt von uns allen selbst ab.

Stark sind die widersacherischen Angriffe und die große Masse der Menschheit folgt noch den Verlockungen aus Geld, Besitz, Konsum und Vergnügungen. Die Erde steht in vielerlei Hinsicht zwangsläufig vor einem Kollaps. Ob sich das in Polsprüngen, Erdbeben, Stürmen, Vulkanausbrüchen oder Überschwemmungen und Wetterextremen kundtut, ist nicht so entscheidend.

Die Zukunft der Menschheit und der Erde steht auf dem Spiel. Können wir den einseitigen Belastungen aus der Technik und unserem Konsumverhalten genügend Positives entgegensetzen, damit die Waagschale nicht in den Abgrund versinkt? Darauf kommt es heute an.

Hoffentlich gibt es an vielen Orten eine genügend große Anzahl von Menschen, die sich für ein natürliches, altruistisches und gottergebenes Leben einsetzen, nicht in einem weltabgewandten Sinne, sondern mit der Einbeziehung eines Erneuerungsimpulses für die ganze Gesellschaft durch die Ideale der Freiheit, Gleichheit und Brüderlichkeit, sowie einer sanften und lebensfreundlichen Technologie und einer ehrfurchtsvollen Wissenschaft.

Entstehen viele solcher Keimzellen und Gemeinschaftsbezüge, kann sich eine Umkehrung der kulturellen und gesellschaftlichen Entwicklung ohne allzu große Katastrophen auf der Erde und Angriffen auf das soziale Leben vollziehen.

Unsere Verbindung zur Erde wird in der Zukunft jedoch den entscheidenden Faktor darstellen. Entweder wir bleiben in einem ausbeuterischen Egoismus hängen oder wir finden eine gleichberechtigte, lebendige und ehrfurchtsvolle Annäherung zu den Wesen der Erde. Die Mutter Erde mit ihren vielfältigen Naturgeistern und Elementarwesen, wir sollen sie achten, ehren und zukünftig mit diesen Wesen konstruktiv zusammenarbeiten. So erst nähern wir uns allmählich dem geistigen Wesen, das in die Erde eingezogen ist und diese von Innen her stützen, befruchten und wandeln kann. Der christliche Jahreslauf ist dafür eine enorme Hilfe, denn darin spiegelt sich der Zusammenklang des Erdwesens mit dem Kosmos, mit dem kosmischen Christus selbst. Schließlich wird uns auch die Mutter Erde und der Vater Himmel zu Hilfe kommen können. Wir beten oder kennen ja zumindest alle das : „Vater unser, der Du bist in den Himmeln..." Dies kann heute erweitert werden zum:

„Unsere Mutter, Du bist in der Erde,
gebenedeit ist Dein Leib, die Erde, unter den Sternen und Planeten,
und gebenedeit ist die Frucht in Deinem Leibe –
der Christus ist in Dir.
Du bist voller Gnaden.
Wir geloben Dir Treue und bitten um Deine Weisheit und Wahrheit.
So wie Du uns vor Unheil bewahrst, so pflegen wir unsere Verantwortung Dir und Deinen Geschöpfen gegenüber.
Stehe uns bei in harter Prüfung.
Denn Du bist die Reinheit, die Milde und die Demut und trägst uns mit großer Geduld und Liebe. Amen"

„Und die Erde wird sich auftun und die Wasserströme aufnehmen." (Apokalypse 12)
Die Wasserströme entsprechen unseren emotionalen, triebhaften und egoistischen Leidenschaften, die unser seelisch-geistiges Menschsein überschwemmen.

Das Innen entspricht dem Außen. Gewinnen wir Macht in unserem Innern, können Streit, Krisen, Abhängigkeiten und katastrophale Ereignisse im Äußeren ausbleiben. Vielerorts sind aber schon gewaltige Umbrüche in den Gesellschaften wie auch durch vielfältige Naturkatastrophen wahrzunehmen.

Die Menschheit macht in heutiger Zeit eine unbewusste Einweihung durch. Sie soll das pubertäre und „halbstarke" Gebaren gegen die Mutterkräfte des Natürlichen, also gegenüber der Schöpfung aufgeben und einen erwachsenen Standpunkt einnehmen können. In der Jugendzeit ist es für die selbstständige Entwicklung notwendig, dass der Jugendliche gegen das Zuhause und Vorgegebene rebelliert. Als erwachsener Mensch müssen wir aber eine neue, gleichberechtigte Beziehung zu den Eltern, wie auch zur Natur und zur Mutter Erde finden. Dies soll heute geschehen.

Die Widersacher prüfen uns darauf, ob wir uns mit einem selbstbewussten Ich gegenüber den vielen niederziehenden Tendenzen behaupten können. Alles, auch die Technik und die Wissenschaft, soll dem freien Ich dienen.

So gibt es heute in der Öffentlichkeit auch keine großen Eingeweihten mehr, die die Menschheit durch diese Prüfungen führen, wie früher, als einzelne Menschengruppen diesen nur zu folgen oder diesen zu gehorchen brauchten. Was jeder Einzelne denkt und tut, entscheidet über die Zukunft. So bewirken unsere Liebestaten ein Hereinwirken kosmisch-geistiger Lichtimpulse und es können sich dadurch Schicksalsauflichtungen ereignen. Das Christuswirken kann immer mehr in unserem Karma ersichtlich werden, wenn sich einzelne Gruppen und Menschenverbindungen in einem guten Geiste zusammentun. Da ist in der Folge dann eine Vervielfältigung solcher Licht- und Liebesimpulse beziehungsweise des Guten zwischen den Menschen und der Welt, oftmals auch an ganz anderen Orten, wahrzunehmen.

Der Christus wird immer mehr zum Herrn des Karma werden, so dass nicht mehr alles aufgerechnet werden muss, streng nach dem Gesetz des „Aug um Auge, Zahn um Zahn". Er wird viel eher das Gute potenzieren und es zum Wohl des Ganzen in die Welt einbringen.

Aber auch das Böse will Herr des Schicksals über uns Menschen werden. Auch die bösen Taten werden entsprechend in der Welt vermehrt. So gilt es für uns, trotz alledem keine Panikstimmung aufkommen zu lassen, denn die Angst ist kein guter Lehrmeister.

Wir sind keine Opfer der Schicksalsmächte und brauchen nicht in fatalistischer Manier zu glauben, alles sei sowieso schon vorbestimmt, zum Beispiel der „Weltuntergang" oder was da sonst noch kommen soll.

Aber auch kein eigenwilliges Drauflosagieren soll uns in die Zukunft leiten. Die Motive unseres Handelns können wir ganz einfach in der Frage finden: Was tut Not? – und was dient dem Ganzen?

Sodann können wir hoffen, dass die göttliche Gnade walten wird, denn ohne diese Gnade vermögen wir nicht sehr viel. Diese Gnade ist seit dem Beginn des 20. Jahrhunderts für immer mehr Menschen zur Wirklichkeit geworden. Wir erleben seit dieser Zeit die sogenannte Wiederkunft Christi. Er kommt uns näher und immer näher, was einem fortschreitenden Prozess entspricht, langsam beginnend, allmählich sich steigernd und dann immer stärker werdend, einer natürlichen Wachstumsfunktion entsprechend.

Auf den „Wolken" kommt er heran. Er leuchtet als die Liebe Gottes, bildlich gesprochen als das Herz Gottes in unser Herz, in unseren Verstand und in unser ganzes Menschsein hinein. Dabei kommt viel Fehlerhaftes und Falsches zum Vorschein. Das sind die Wolken: an unseren Irrtümern und Verfehlungen dürfen wir leiden und erkennen. Erst dahinter wird sein Licht offenbar. Er trägt unser Leiden mit und führt uns darinnen.

Aber auch die Erde als Lebewesen nimmt sein kosmisches Licht und Leben in sich auf. So ist seit einiger Zeit auch eine Veränderung in der Erdaura zu bemerken. Dies hat wiederum eine Auswirkung auf die gesamte Menschheit. Verändert sich die Erdaura, so hat das Auswirkungen auf die Atmosphäre und das Klima. Die Lebens- beziehungsweise die Ätherwelt der Erde wird immer mehr vom Geist der Liebe durchdrungen. Die Erde, unsere Mutter und das kosmische Leben durchdringen sich mehr und mehr, bis dass die Erde in ferner Zukunft selbst zu einer Sonne werden kann. Dies wird das zukünftige Resultat der Christus-Einwohnung sein. Wir werden uns diesen verändernden Impulsen immer weniger entziehen können und immer mehr hingeben lernen müssen, wenn uns unser Seelenheil wichtig ist. Alle Menschen, die sich diesen neuen Lebensimpulsen seelisch und leiblich öffnen können, werden Anteil daran haben.

Unser eigenes leiblich-seelisches Lebensgefüge ändert sich. Es wird zunehmend durchlässiger und kann in der Folge zu einem Schauen dieser Lebenswelten führen, in denen der Christus als der große Bruder, Helfer und Freund der Menschen erscheint. Sicherlich bringt dieser Prozess dann auch starke seelische Veränderungen mit sich, denn auch der Anti-Christ und seine Anhänger machen sich stark. Wo viel Licht ist, ist bekanntlich auch viel Schatten.

Christus war in seiner irdischen Verkörperung der duldsame und demütige Leidensmann, der alles Dunkle und Böse über sich ergehen ließ und es in Liebe angenommen hat. Dadurch konnte er auch die Finsternis durchdringen und hat sein Licht bis in die dunklen Gefilde der Hölle hineingetragen.

Der Liebe kann man nichts anhaben. Christi Leib konnte gedemütigt und zerstört werden. In seiner Liebe blieb er standhaft und rein. Er hat sich durch nichts aus seiner inneren Haltung herauslocken lassen. Diese liebende Haltung, diese göttliche Liebekraft, ist die stärkste Macht in der gesamten Welt. Sie hat in einem Menschen Wohnung genommen.

Im Kosmos ist der Christus die allmächtige Kraft und das große Licht, vor dem alle Finsternis vergeht. Dieser Gottesaspekt ist die größte Kraft im Welten-All. In der Bibel erkennen wir den Christus zunächst im Menschen Jesus, der das irdische Dasein erleidet und dann als den Auferstandenen. Im Kosmos ist er die schaffende und schöpferische Licht- und Liebekraft, von der alles ausgeht und in die hinein sich alles wandeln wird. Diese allmächtige Kraft dürfen wir auch in uns wirken lassen. Darin haben wir die Garantie für eine selbstbestimmte, gottverbundene und freie Gegenwart und Zukunft. Diese kosmische Christuskraft scheint heute vor allem in seiner Auferstehungsherrlichkeit in die Lebenswelt der Erde hinein: helfend, stärkend, führend und heilend.

Die Ätherkräfte bilden bekanntlich ja auch die Grundkräfte für unser Denken und der verwandelte Ätherleib wird in der Zukunft zum Träger des Buddhi-Prinzipes, dem sogenannten Lebensgeist heranreifen. Das heißt mit anderen Worten, der Mensch wird dann nicht mehr nur einen Ätherleib haben, er wird ein Leben sein, so auch in ähnlicher Weise mit dem Seelenleib und dem physischen Leib, die in verwandelter Art ein Sein ermöglichen, nicht nur ein Haben. Zuletzt werden wir also ein Geistleib sein, der die vergöttlichte Seele und das unsterbliche Leben in sich hat, der also Geist, Seele, Leben und Leib ist.

Die Liebe ist die führende Kraft auf diesem langen Weg, die dies bewirken kann. Folglich können wir durch ein lebendiges Denken und ein liebevolles Handeln Zugang zu Christus bekommen.

Wenn sich das Denken mit dem Herzen verbindet, wenn Herz und Haupt harmonisch sich ergänzen, können wir den Zugang zur Quelle der Liebe in einem wachen und ehrfurchtsvollen Geiste finden.

Nicht das Andenken an die historische Persönlichkeit oder der Aufblick zur kosmischen Gestalt des Christus ist es, die uns unmittelbar zu ihm hinführen lassen. Nicht am Bach, am Fluß oder am Meer ist er für uns zu finden, sondern an der Quelle, am Ursprung. Der Weg des Schülers soll ihn zur Quelle führen, um dort trinken und neu gestärkt, sich dem Leben der Welt widmen zu können – jeder an seinem ihm zugewiesenen Platz.

Christus ist das Herz Gottes und der Quell der Liebe. Aus dieser Liebe soll eine neue Kultur entstehen, in der wir zu Helfern, Freunden und Brüdern seines Geistes werden – in Demut, Duldsamkeit und Liebe.

Er garantiert und schenkt uns die Freiheit und Selbstbestimmung als individuelle Eigenwesen. In seinem Geist der Liebe und in seinem Auftrag für das Leben in der Welt, finden wir uns erst wirklich selbst als Individuum, das sich mit dem Ganzen verbunden weiß und dadurch seinen Ursprung beziehungsweise seine Heimat und sein Ziel errungen hat.

Christus ist das Urbild des Menschen, er ist der Menschensohn. Daher sind wir in unserem innersten Kern selbst Söhne und Töchter Gottes. Wir müssen dieses Urbild nur in uns selbst entdecken wollen.

Gott richtet nicht. Wir selbst sind es, die sich dem eigenen Urbild nähern oder davon trennen können. Das ist das Gericht, das wir selbst erstreben, wenn wir wandeln im Licht oder aber in der Finsternis, denn wir ziehen dadurch das Entsprechende an. Des Menschen Wille ist sein Himmelreich oder aber seine Hölle.

Im Vertrauen und in der Liebe zu Christus, der uns in bedrohlichen Zeiten immer näher kommen will, können wir diese kosmisch-geistigen Menschheitsimpulse des „wahren Menschen in uns" durch die Prüfungen, Dunkelheiten und Wirrnisse der Zeit hindurchtragen – hin zu einer geistgemäßen, neuen Kultur. Christus nimmt dabei unsere Intentionen und Bestrebungen in sich auf und stärkt sie mit seiner Kraft der Liebe so, dass sie zum Heil und Wohl der Menschheit und der Erde als Ganzes eingesetzt werden können. Das ist die neue Lebenskunst, auf die wir bauen dürfen.

Wir dürfen auf diesem Wege staunen lernen, wie die Kinder es noch vermögen und wir dürfen unser Mitgefühl und unsere Liebe ausbilden und schließlich immer wieder auf unser Gewissen hören, das uns mit dem großen Geist, der sich darin aussprechen will, verbinden kann.

Gerade auch die Künstler und die spirituell Strebenden dürfen sich davon angesprochen fühlen, denn sie sollen das „Herz" und das „Haupt" einer Gesellschaft bilden. Das „Allgemein – oder Universal-Menschliche" will darin zum Pulsieren kommen. Vom Herzen strömt es aus – in den Alltag, zu den Mitmenschen und in die Welt hinein.

Wir dürfen probieren, experimentieren, scheitern, kapitulieren, uns einer höheren Führung unterstellen, uns hingeben und wieder neu anfangen, auferstehen – aber niemals aufgeben, alles hinschmeißen wollen. Neue Impulse suchen schließlich auch neue Formen – des Zusammenarbeitens, des Zusammenlebens und des Betens beziehungsweise der geistigen Wege und Übungen. In Christi Geist versuchen, das Leben und Arbeiten licht- und liebevoll zu gestalten – in diesem Sinne wird doch noch alles gut!

Damit können wir die Betrachtungen zum Thema Heil beschließen. Mir bleibt hier nur noch, ein herzliches Dankeschön auszusprechen – an den geneigten Leser für sein wohlwollendes Interesse und für die fruchtbaren Inspirationen, die mir durch Anregungen mancher Mitmenschen, durch Gedanken von Vorangegangenen und besonders durch meinen Genius selbst zugekommen sind.

Literaturverzeichnis

Malcolm Godwin: Der Heilige Gral
Manifesto – Positio Fraternatis Rosae Crucis
Arthur Schult: Das Johannes Evangelium als Offenbarung des
        kosmischen Christus
Peter Danov: Der Weg des Schülers
Rudolf Steiner: Das Michael Mysterium
        - Die Kernpunkte der sozialen Frage
Thorwald Dethlefsen: Schicksal als Chance
Dorian Schmidt: Lebenskräfte – Bildekräfte
Marco Pogacnik: Erdsysteme und Christuswirken
Christel Heidemann: Meridiantherapie Band 1 – 3
Wolgang Döbereiner: Astrologisch-homöopathische Erfahrungs-
        bilder zur Diagnose und Therapie von Erkrankungen
Petra Neumayer / Roswitha Stark: Medizin zum Aufmalen
Barbara Ann Brennan: Licht-Heilung
Nathaniel Branden: Liebe für ein ganzes Leben – Psychologie der
        Zärtlichkeit

Vom Verfasser dieser Schrift gibt es noch eine Reihe weiterer
Schriften, Gedichtbände und ein umfangreiches künstlerisches
Werk. Hier eine Auswahl einiger Schriften, die bisher meist nur in
Manuskriptform vorliegen. Bei näherem Interesse kann die fol-
gende Internet-Adresse kontaktiert werden.
www. perceval-institut.de

- Auf dem Weg zum Gral – für die Sucher und Hüter des Heiligen
        Gral
- Partnerschaften im Lichte eines spirituellen Christentums
- Im Namen des Wortes – eine geistige Wegweisung
- Lichtwärts – Zwölf Betrachtungen für ein geistgemäßes Leben in
        heutiger Zeit
- An die Mutter Erde – Betrachtungen zur Entwicklung von Erde
        und Mensch
- Vom Bauen am Tempel des Lebens (die geistige Bestimmung
        finden)
- Zeitfragen im Lichte der hermetischen Philosophie

- Tarot – die großen Arkana im Lichte der Hermetik
- Aufbruch zur Dimension der Tiefe - Hilfen für den Weg zum
        inneren Leben und für das Leben in der sozialen Welt
- Ich und Welt – Mensch und Gott (meditative Betrachtungen)
- Auf dem Weg zu Gott – eine spirituelle Betrachtung
- Religion, Kunst und Spiritualität - In der Einheit liegt die Kraft
- Europa - wohin? Politik, Gesellschaftsfragen und Spiritualität

Bei weiterem Interesse wenden Sie sich bitte an:
fama-freiburg@t-online.de

FSC
www.fsc.org
MIX
Papier aus ver-
antwortungsvollen
Quellen
Paper from
responsible sources
FSC® C105338